KB263931

페르소나 인터뷰

일러두기

1. 단행본은 《 》로, 영화·드라마 등은 〈 〉로 표기했다.
2. 본 저서는 한국연구재단의 지원을 받아 「청년 세대 예민함과 사회적 대안 모색 방안 연구—수도권에 거주하는 1인 가구를 중심으로」라는 과제를 바탕으로 작성하였다.
3. 이 책에서 등장하는 인물들은 인터뷰 내용을 종합해서 재구성했으며, 실제 사례를 기반하였다.

페르소나 인터뷰

273명의 인터뷰로 구성한
관계와 인생 이야기

알렉스 정 지음

천년의상상

여전히 관계의 의미를

믿고자 하는 모든 이들에게

보편적이지만
동시에 특수한 '관계'를 말하다

Don't judge a book by its cover라는 영어 속담이 있다. 우리말로 직역하면, 책 표지만 보고 책 내용을 판단하지 말라는 말이다. 의역하면, 사람 겉모습만 보고 판단하지 말라는 뜻이 된다. 나는 지난 2년여간 수많은 사람을 만났다. 그래서 누구보다도 저 말에 공감한다. 지금 마주하고 있는 사람의 겉모습만이 아닌 심층적인 생각을 이해하기까지는 시간이 필요하다. 처음에는 가벼운 사람 같다는 인상이었는데, 알고 보니 누구보다도 깊이 있는 사람이었다. 반대로 온갖 심오한 척, 멋있는 척을 다 하더니 막상 이야기를 나눠보면 빈 깡통같이 천박한 사람도 있었다. 특히 그 사람이 말하는 관계의 양상을 듣기 위해서는 노력이 필요하다. 그 사람 내면의 심층적인 지점까지 도달해야 한다. 책 표지만 보고 판단할 수 없는 것처럼, 그 사람의 내면을 이해하기까지는 시간과 노력이 필요했다.

더 흥미로운 내용도 있었다. 우리는 모두 관계에 있어서 일정한 고민을 하고 있었다. 사람들은 각자의 갈급과 해소되지 않는 결핍이 있었다. 그 누구도 관계에 있어서 완벽한 답안을 갖춘 사람은 없었다. 어디까지나 '잠정적인' 대안을 가지고 있을 뿐, 관계에 대해서 미친듯이 행복하고 완벽하다고 말하는 사람은 단 한 명도 없었다. 많은 사람은 관계에서 초래된 결핍과 문제를 해결하려고 노력하고 있었다. 나는 그 부분이 매우 흥미로웠다. 내가 인터뷰한 사람들의 사회·경제적 위치나 조건, 맥락은 모두 달랐다. 하지만 모두 관계에 있어서, 일정한 고민과 무게를 짊어지고 살고 있었다.

이러한 발견이 이상하게도 나에게 안도감을 줬다. 이러한 발견을 조금 더 연장하면, 관계에 있어서 내가 경험하는 문제가 그렇게 대단한 것도 아니고, 그다지 특별하지도 않다고 해석할 수 있다. 나의 문제도 나만의 문제가 아니라,

환절기에 흔히들 걸리는 감기와 같을 수 있다. 그러니 큰 문제는 아니다.

연구를 막 시작할 무렵, 인터뷰 대상자를 선택할 때, 될 수 있는 대로 독특하고 괴짜인 사람, 일반적이지 않은 사람들을 섭외하려고 애썼다. 뭔가 그들이 독특한 의견을 줄 것만 같았다. 그런데 실제로 만나고 보니, 관계에 있어서 그들도 일반적인 사람들과 크게 다르지 않았다. 사람마다 관계 양상은 다르지만, 그 심층에는 어떤 보편성이 있었다. 그걸 좀 더 지적으로 표현한다면, '관계의 뿌리'라고 할 수 있지 않을까? 처음에는 피상적인 나뭇잎 또는 나뭇가지에서부터 시작했으나, 점차 흥미와 관심은 좀 더 심층적인 뿌리로 이어졌다.

나는 지난 2년간 한국연구재단의 지원을 받아, 273명을 인터뷰했다. 인터뷰 주제는 바로 관계였다. 그들과 이야기를 나누면서 동시에 스스로 수없이 물었다. 많은 사람에게 관계는 무슨 의미인가? 그리고 나는 왜 그들에게 이러한 질문을 하고 있는 걸까? 아마도 나는 관계에 담긴 삶의 진실을 찾고 싶었던 것 같다. 물론 과정이 수월하지는 않았다. 그들은 처음에는 나를 경계하기도 했고, 답변을 피하기도 했다. 관계는 내밀한 영역이기 때문일 것이다. 행여나 어렵사리 털어놓은 내용을 어디 엉뚱한 곳에서 발설하면 망신당할 수 있다고 생각했을 것이다. '임금님 귀는 당나귀 귀'라는 동화도 있지 않은가? 임금님의 큰 귀처럼, 나의 관계를 부끄러워할 수도 있다. 내밀한 진실은 감당하기 힘들 수 있는데, 그건 어마어마하게 사적이기 때문일 것이다.

그런데 적극적으로 말하는 사람들도 있었다. 지금 돌이켜 보면, 그들은 외로운 사람이었다. 자신의 삶과 관계에 대해 진심으로 궁금해하는 사람을 만났다고 기뻐하는 눈치였다. 목소리와 눈빛에는 생기가 넘쳤다. 그만큼 관계가 그들의 삶에서 중요한 부분을 차지하고 있었다. 중요하지 않다면, 그렇게 열정적으로 길고 구체적으로 이야기할 필요가 있었을까? 그들의 열의에서 나는 힘을 얻었다.

이들과의 대화를 토대로, 나는 관계의 유형을 크게 네 가지로 분류하였다. 21세기 제인 에어, MZ 개츠비, 골방의 파수꾼, 생계형 테나르디에. 이들은 우리가 많이 접한 책과 영화에 나오는 사람들의 대표적인 페르소나이다. 이러한 페르소나는 현대인의 관계 양상을 해석하기 위해서 만든 네 가지 독특한 렌즈라고 할 수 있다. 분류 기준은 관계를 대하는 태도, 정의하는 방식 등을 고려했다. 당신의 삶에서 관계는 어떤 의미인가? 관계에서 당신은 얼마나 적극적인가? 당신은 관계 없이 살아갈 수 있나? 등을 물었다. 이러한 질문과 답변을 토대로 일관적인 패턴을 발견하고, 그 패턴을 확장하여, 대표적인 페르소나를 부여했다. 즉 네 가지 분류는 관계의 보편적이고 특수한 양상을 토대로 그린 캐리커처다. 그 캐리커처에는 다소 도식적인 측면도 있을 수 있고, 약간의 과장이 있을 수 있다. 하지만 하나 분명한 것은 이러한 캐리커처가 관계의 진실을 반영한다는 점이다. 인간이 가지고 있는 보편적인 내밀한 갈급에서부터 아주 세부적이고 특수한 관계의 측면까지 빠뜨림 없이 다루고자 했다. 그렇게 관계의 거친 뿌리부터 나뭇잎의 세밀한 양상까지 담았다. 이제 그 실체를 확인할 시간이다.

2025년 12월

알렉스 정

감사의 글

이 책은 나 혼자만의 생각이나 발상으로 작성한 내용이 아니다. 이 책의 원천은 273명의 생각과 목소리이다. 그래서 조금이나마 흥미롭고 재미있는 부분이 있다면, 인터뷰에 응해준 사람들 덕분이다. 나에게 긴 시간을 허락해주고, 솔직한 생각을 거침없이 말해준 그들에게 가장 먼저 감사의 인사를 남긴다.

많은 가르침을 주신 분들에게 감사의 말씀을 드린다. 연세대학교 서보경 교수님이 생각난다. 교수님의 '질적 연구 방법론' 수업을 통해서 인류학이라는 학문을 처음 접했다. 수업에서 같이 의견을 주고받던 학우들도 고맙다. 돌이켜 생각하면, 그 수업은 인류학이라는 거대한 산맥을 오르기 위한 '초심자의 베이스캠프' 같았다. 언제나 응원의 말씀을 아끼지 않는 이화여대 임소혜 교수님에게도 감사하다. 연희관 218호에서 듣던 교수님의 수업이 지금도 생각난다. 연세대학교 서길수 교수님께도 감사의 말씀을 남긴다. '큰 사람이 되라'고 말씀하신 교수님의 가르침이 기억난다. 이지윤 숨 대표님께도 감사의 말씀을 드린다. 동대문 DDP, 국립현대미술관에서 진행한 현장 수업이 생각난다. 제일기획 김태해 부사장님께도 감사드린다. 의욕만 넘치고 성격 급한 신입 사원인 나에게 많은 기회를 주셨다.

그 밖에 나에게 많은 응원을 보내준 친구들에게도 고맙다. 먼저 안은혜 교수가 생각난다. 몇 년 전, 미국 가는 비행기에서 나의 글을 보고 연락을 줬던 메일이 기억난다. 종종 나에게 의미 있는 질문을 던지곤 했는데, 그 질문에 대한 답변을 책에 일부 녹이려고 했다. 나에게 형제나 다름없는 톰에게도 고맙다. 전혀 다른 세계에서 온 그에게서 삶의 용기를 배웠다. 그 밖에 나에게 많은 조언, 응원을 아끼지 않은 많은 친구에게도 감사의 말씀을 드린다. 그들은 국적, 경험, 배경은 모두 다르지만, 관계라는 주제를 나름의 방식으로 경험하고 있었다. 그게 이 책의 핵심일 것이다. 마지막으로, 천년의 상상 선완규 대표님과 김창한 편집장님께 감사의 말씀을 드린다.

차례

1장

21세기 제인 에어

외롭고 슬퍼도 울지 않는다. 이들은 독립적이고 주체적이다. 관계에 쉽게 휘둘리지 않는다. 동명의 소설 속 주인공도 그러했다. 그녀는 인간관계를 객관적으로 바라보며, 놀라운 자기 객관화를 보여줬다. 타인에게 쉽게 기대지 않는다. 자신이 가지고 있는 것을 과장이나 환상 없이 그대로 직시하는 능력을 겸비했다. 그녀의 이름은 바로 제인 에어. 19세기 여성이라고 볼 수 없을 만큼 현실적이며, 현대적인 사고의 소유자였다.

그리고 이제, 그녀의 정신세계를 물려받은 무수한 제인 에어들이 살고 있다. 과거 소설 속에서는 여성이었으나, 21

세기 제인 에어는 여성에게만 국한되지 않는다. 남성도 포함된다. 관계에 종속되지 않으며, 자신의 자유 의지와 독립적인 의견 개진을 아끼지 않는다면, 그도 제인 에어다.

그들은 관계에서 가치와 의미를 찾는다. 관계에 대한 직접 경험은 미약하지만, 간접 경험은 어마어마하다. 관계를 연구하는 데 많은 시간을 쓴다. 이 사람은 나에게 어떤 사람인가? 관계의 과학자처럼 행동한다. 자연스레 주변에 친구가 많지는 않다. 있다고 해도 제인 에어 옆에는 제인 에어가 많다. 맨날 연구하고 고민하며, 관계에 특별한 의미를 부여하려는 친구들이 가득하다.

직접 경험은 미약하지만, 그렇다고 그들이 관계를 완전히 저버렸거나 등진 것은 아니다. 그들도 다른 사람들처럼 관계를 갈급한다. 단, 특별한 관계여야 한다. 수준이 높아야 한다. 저질은 사양하련다. 무수히 많은 사람 중에서 나의 의미를 헤아려줄 사람을 찾는다. 나의 존재 의의에 감탄하고 경탄할 수 있는 그런 사람을 찾는다.

안타깝지만 그런 사람은 쉽게 나타나지 않는다. 쉽게 나타나면 그게 더 이상하지 않을까? 어쩌면 제인 에어는 고도를 기다리는 마음으로 완벽한 1인을 찾고 있다. 쉽지 않다는 것을 잘 알지만, 그렇다고 기준을 낮추고 싶지 않다. 그건 원칙의 문제이기 때문이다.

나에게 정말 필요한 관계는 무엇일까? 그리고 내가 정말 원하는 관계는 무엇인가? 머릿속에서 수만 번도 더 시뮬레이션을 돌리고 있다. 나에게 의미를 밝혀줘, 너와 나의 관계에 대한 특수성을 다섯 문장으로 요약해 봐. 이 무수한 사람 중에서 너와 나의 각별한 의미를 얼른 이야기해 봐. 그들은 오늘도 궁극의 1인이 등장하기를 꿈꾼다.

21세기 제인 에어,
그들은 누구인가?

그들은 만해 한용운을 닮았다. 얼굴이 아니라 그의 생각을 닮았다. 알려진 일화에 따르면, 한용운은 집 앞에 보이는 총독부가 싫어서 일부러 북향집에 살았다고 한다. 사실 만들어진 이야기라는 말도 있다. 근처에 지어진 집들도 다 북향이란다. 하지만 조국의 해방을 염원한, 자그마치 '님의 침묵'을 노래한 시인의 심정도 크게 다르지는 않았을 것이다. 어떻게 그가 총독부를 보면서 하루를 시작하고 마무리할 수 있겠는가? 시상詩想이 바로 확 막혀버릴 것이다.

　그리고 그 한용운을 빼닮은 21세기 제인 에어의 마음 속에는 그러한 총독부가 스무 개 정도 있다. 그것이 그들의 딜레마다. 차라리 북향집에 사는 고충을 참겠다고 다짐한다. 어쩌면 운명일지도 모른다. 마음 깊은 곳에서, 따뜻한 햇볕에 한 번 쬐어봤으면 싶지만, 대놓고 말을 못 한다. 그들도 겨울에는 따뜻하고 여름에는 시원한 집에 살고 싶지만 그럴 수 없다. 내심 로맨스를 기대하지만, 현실에서는 로맨스를 회피한다. 왜일까? 로맨스 대상은 너무 직접적이고 가까운 존재이기 때문일 것이다. 그래서 "가까이 오지 마~"를 연발하며 애써 외면한다. 행여나 로맨스를 추구하다가 시커먼 총독부 같은 존재들이 단체로 얼씨구나 하고 다가올 수 있다. 그들은 대신 잔잔하고 아름다운 〈비포 선라이즈〉 같은 영화를 열 번 보면서, 줄리 델피와 에단 호크의 느낌을 상상한다. 직접적인 구체성, 과도한 클로즈업을 두려워한다.

　대신 현실에서 경험할 수 있는 관계를 책이나 영화로 배운다. 간접 경험은 무수히 많지만 직접 경험은 거의 없다. 본인 경험이 적으니 남의 말이나 다른 사람 경험을 듣고 공부에 매진한다. 형설지공螢雪之功의 마인드로 독학에 매진한다. 아름답고 추상적인 말만 가득할 뿐 딱히 구체적인 실체는 없다. 타인의 경험을 바탕으로, 관계와 인생을 공부한다. 이를테면, 위키피디아로 사랑을 배웠다면 어떨까? 나무위키로 인생을 배웠다면 어떨까?

직접적인 경험, 로맨스의 실체 등에 대해서 차라리 부정하겠다고 다짐한다. 부정이 지나쳐서 과잉 행동으로 번지기도 한다. 이를테면, 툭하면 '손절하겠다'고 선언한다. 뭔가 자기 마음에 들지 않으면 맨날 관계를 저버리고, 말을 섞지 않는다. 너무 많이 끊어서 이제는 끊을 관계도 별로 없지만, 그렇게 말하는 게 마음 편하다.

온라인에서는 차단 기능을 유용하게 사용한다. 새로운 관계를 만들기 어렵고, 기존의 관계를 유지하기도 쉽지 않다. 이들은 친구 관계에 대해서도 높은 긴장감을 갖고 있으며, 매번 관계를 정의해야 한다는 강박을 느낀다. 이 사람이 지금 사회적으로 적절하게 처신하고 있는가? 문제가 될 만한 행동을 하고 있지는 않은가? 행여나 그런 행동이 한 톨이라도 나온다 치면, 바로 손절할 태세다.

'나는 인간관계의 무균성을 유지하는 사람'이라고 동네방네 자랑하고 싶다. 비록 친구는 많지 않지만, 도덕적으로 자신이 우위라는 사실을 세상이 알아줬으면 좋겠다. 인간관계에 대한 기준이 높고, 타인에 대해서 엄격하다. 주로 만나는 사람도 오랜 시간 같이 보낸 사람일 가능성이 크다. 제인 에어의 이러한 관계 결벽증을 감내해 줄 사람을 찾기란 쉽지 않다. 제인 에어 주변에는 제인 에어들이 많아서, 어느 정도 서로 눈감아주기도 한다. 그들은 인간관계에 대한 최소한의 관대함을 내보인 채, 독립적이고 주체적인 삶을 산다.

그들은 인간관계에 들이는 시간과 돈을 대단히 아까워한다. 의미 없는 모임에 나가서 시간 낭비하는 것을 극단적으로 싫어한다. 다소 천하다고 생각한다. 행여나 이들은 원치 않지만 피할 수 없는 자리에 나가서 힘겹게 귀가하면, "기 빨렸다"면서 다시는 그런 자리에 가지 않겠다고 다짐한다. 그만큼 부정적인 에너지에 노출되었기 때문이다.

대신 남는 시간에 무엇을 하는가? 그들은 자기계발에 매진한다. 관계나 타인으로부터의 영향을 최소화하고, 남는 시간과 에너지를 자신의 발전에 투자한다. 때로는 특정한 주제를 깊게 파기도 한다. 책도 많이 읽는다. 대개는 마음을 다스리는 법을 알려주거나 잘 살고 있다는 위로를 주는 자기계발서를 주로 읽는다. 미움받아도 괜찮고, 이상한 사람과 말은 섞지 말아야 하며, 관계보다는 나의 마음속 목소리를 들으라 한다. 'Follow your heart.' 제인 에어들의 첫 번째 경구다.

이러한 의지의 발현으로, 남들보다 될 수 있는 대로 일찍 일어난다. 최근 몇 년간 크게 유행한 미라클 모닝의 신봉자들이 많다. 대뜸 새벽에 벌떡 일어나서 명상에 잠긴다. 오늘은 무엇을 해야 하는지 다이어리에 빼곡하게 적는다. 오늘 할 일을 정리하는 것은 15분이면 충분하다. 그렇다면 나머지 시간에는 무엇을 하는가? 딱히 무엇을 하고 있지는 않다. 하지만 우직하게 새벽에 일어나서, 미라클 모닝을 시도한다. 인생이 바뀔 것 같다며 새벽 4시에 일어나서 쾡한 눈으로 커피를 마신다.

인스타그램 스토리에다가 이런 내 모습을 올려서 내가 얼마나 바람직하고 생산적인 삶을 사는 사람인지, 세상에 알리고 싶다. 그렇게 고요한 새벽 시간, 스스로 깨어있고, 생산적인 일을 한다는 생각이 들지 않으면, 더욱 외롭고 슬퍼진다. 그들은 완벽한 관계를 찾지 못해서 타협하느니, 홀로 집중할 대상을 새벽부터 찾아 나선다. 세상이 일차원적인 쾌락에 빠져서 신음하고 있는 이 시각, 자신은 남들보다 하루를 먼저 시작하면서 농부와 같은 근면성으로 아침을 맞이한다. 그러면 마음이 조금 더 편해진다.

미라클 모닝, 미라클 모닝, 노래를 부르지만, 인생에서 이렇다 할 미라클은 일어나지 않는다. 그렇게 쉽게 찾아오면 그게 미라클은 아닐 것이다. 그래도 내심 아쉽다. 왜 득도의 순간은 쉬이 찾아오지 않는가? 이 인고의 끝에는 어떤 기적이 나를 기다리고 있을까? 그렇게 상념에 괴로워하다가 번뜩 정신을 차리고 다시금 우직하게 하루를 시작한다. 지금을 사는 제인 에어들의 모습이다.

2

협업과 조화는 에너지 낭비·
생산성의 걸림돌

그렇다면 제인 에어는 어떤 모습일까? 그들은 어떠한 삶을 살고 있을까? 그들은 어떤 일상을 보내며, 무슨 꿈을 꿈며, 어떤 현실을 경험하는가? 이어지는 글에서는 이러한 21세기 제인 에어의 모습을 담았다. 오늘날 제인 에어를 대표하는 두 명을 소개한다.

이지현은 전형적인 오피스 레이디다. 그녀는 서울 강남의 높은 빌딩에서 일한다. 이지현을 잘 알고 지낸 친구에 따르면, 그녀는 특히 약속 시간에 예민한 사람이다. 그래서 나도 늦지 않으려고 서둘렀다. 약속 시각보다 15분 먼저 도착해서 근처 스타벅스에 자리를 잡고 문자를 보냈다. 정확히 13분 후, 그녀가 무채색 정장을 입고 목에는 사원증을 걸고 나타났다. 오피스 레이디 특유의 냉랭함과 사무적인 친절함을 가진 인상이었다. 그녀가 아이스 아메리카노 한 모금을 마시더니 '손절학 개론'에 대해 말하기 시작했다.

대한민국 손절

No. 1

"나 손절할 거야." 28세 직장인 이지현이 일상적으로 꺼내는 말이다. 그녀는 타인의 작은 결함도 받아주고 싶지 않다. 대학 친구들끼리 같이 술을 마셨는데 아무개가 술값을 내지 않았거나, 대학교 선배가 약속 시각에 늦었다든지, 나랑 같이 콘서트 가겠다고 했던 직장 동료가 자기만 빼놓고 다른 사람과 갔으면, 바로 손절각이다. 이러한 상황에서 그녀는 '손절 버튼'을 어김없이 누른다.

이처럼 남들이 보기엔 사소할 수 있는 일에도, 그녀는 다소 과민하다. 습관적으로 손절을 통보한다. 그녀는 타인과의 관계에 있어서 높은 기대 수준을 갖고 있다. 이러한 기대가 충족되지 않으면, "손절하겠다"는 엄포를 늘어놓는다. 이러한 그녀의 잦은 손절주의보는 '상호주의'에 입각한 결정이다. 나는 너를 위해서 일찍 나왔는데, 나는 너를 위해서 돈을 썼는데, 나는 네 카톡에 실시간으로 대답했는데, 왜 너희들의 행동은 그렇지 않냐는 문제의식에 기반한다. 결국 그녀는 친구들 내지는 지인들에게 '미스 손절'로 각인되었다. 주변 친구들은 그녀 앞에서 말과 행동을 매우 조심하는 편이다.

하지만 그녀는 장점이 많다. 성실하고, 열심히 일하는 직장인이며, 합리적이고 독립적이다. 단, 그녀의 장점에 다가가기까지 그녀의 99가지 '손절 테스트'를 통과해야 한다. 자연스레 그녀 주변엔 친구가 없다. 사람이 없다. 그렇게 다 내쳐지고 폐기되니 남는 사람은 소수다. 천재지변에서 살아남은 생존자 수준의 사회과학적 기적이라 하겠다.

이렇게 타인에게 엄격하지만, 그녀는 아이돌이나 영화배우의 구설수나 실수에 대해서는 관대하다. 자신의 관계 반경 너머의 일이라서 그렇게 생각하는 듯하다. 이를테면, 50대 남성 영화배우 J가 불특정 다수 여성 팬을 상대로 무수히 난봉 메시지를 발송하거나 결혼하지 않고 아들을 얻었다는 소식도 매우 넉넉하게 품어준다. 그녀는 힘주어 말한다. "우리도 이제 할리우드 기준에 맞춰서 살아가야 하는 거 아냐? 사생활이라고. 안 그래도 저출산 국가에서 출산은 환영받아야 할 일이지, 우리는 예술가에게 일반 직장인과 같은 수준의 기준을 들이대고 있는 건 아닌지 한번 재고해 봐야 할 것 같아.”

그녀의 이러한 점잖은 ‘이중잣대’에 친구들은 의아하다. 아마도 아이돌과 난봉배우는 그녀가 손절할 수 없는, 닿을 수 없는 유명한 사람들이기 때문일 것이다. 손절할 수 없으니 관대해지는 것일까? 어쩌면 그녀도 관대한 사람이 되고 싶을지 모른다.

○ ○ ○

“손절할 거야.” 요즘 사람들이 가장 많이 쓰는 표현 중 하나다. 관계를 끊어버리겠다는 의사 표명이다. 이렇게 끊겠다는 사람들은 자신이 좀 더 높은 도덕적 우위에 있다고 자신한다. 뭔가 문제가 생겼는데, 그 책임은 그 사람에게 있으니, 그가 저지른 실수에 대해서 용서할 수 없다는 입장이다.

제인 에어들은 타인의 실수에 유독 엄격한 경향이 있다. 물론 자신의 삶과 기준에 비추어 볼 때, 타인의 실수나 잘못을 용서하지 않을 수 있다. 그것은 개인 선택의 문제다. 그런데 오랜 시간에 걸쳐서 이렇게 ‘손절 통보’가 누적

되는 경우, 주변에 사람이 없어진다. 쉽고 잦은 손절로 인해, 혼자서 외롭게 보내는 시간이 길어질지도 모른다. 그 길어질 수도 있는 고독의 시간에 대해서 우리는 얼마나 깊게 생각해 보았나?

기적 같은
'자만추'를 꿈꾸다

김민석은 중학교 국어 선생님 같은 인상이다. 학생들에게 김소월과 윤동주를 가르치는 선량한 노총각 선생님 같다. 그는 인터뷰 장소를 소상하게 설명하는 배려심이 돋보이는 사람이었다. 그리고 등장한 그는 수면이 부족한지 푸석푸석한 얼굴이었다. 아니나 다를까 오늘도 그는 새벽 4시 30분에 일어났단다. 제일 먼저 그에게 '미라클 모닝'에 정말 기적이 있는지 들어봤다. 그는 얕은 한숨을 쉬면서 말을 잇는다. 그가 말하는 미라클 모닝에 담긴 꿈과 현실을 경청했다.

36세 직장인 김민석은 새벽 4시 30분에 일어난다. 몇 년 전 한때 유행했던 '미라클 모닝'을 그는 지금까지 꾸준히 유지하고 있다. 퀭한 얼굴로 일어난다. 그렇게 일어나서 무엇을 하는가? 그는 커피 한잔을 마시면서 해야 할 일을 확인한다. 그리고 업무상 필요한 코딩을 배운다. 하지만 유혹은 가까이에 있다. 바로 유튜브. 유튜브의 무시무시한 알고리즘 때문일까? 유튜브는 마치 "어서 옵쇼"라고 외치며 새벽에 접속하는 그에게 다양한 옵션들을 차르르 제공한다.

그가 클릭하는 콘텐츠는 '미라클 모닝은 신의 선물', '오늘도 열심히 살아야 하는 이유', '너 자신에게 집중해, 너는 이미 정답을 알고 있어'와 같이 그와 비슷한 라이프 스타일을 사는 사람들의 이야기다. 이걸 보다 보면 정작 코딩 공부는 뒷전이나 한편으로는 안도감을 느낀다.

그는 모태 솔로다. 최근에 한 성관계가 언제인지 기억도 나지 않는다. 아마 관련 신체 기관은 퇴화하였을 것이다. 그는 외모도 나쁘지 않고 남들 보기에 번듯한 직장을 다닌다. 그를 가리켜, 주변에서 '자기 관리를 잘하는 사람'이라고 한다. 하지만 유독 이성 관계에는 한없이 위축된다. 그는 연애를 완전히 포기했다. 그는 몇 번 시도해보고 자신이 부족하다 싶으면 시원하게 잊어버린다. 대신 그는 생산성, 미래, 계획, 진로, 이런 목표들에 관심이 많다.

관계는 내가 통제할 수 없는 부분이 많지만, 내가 세운 목표들은 내

의지대로 바꿀 수 있다고 확신한다. 그렇다고 그가 어마어마한 생산성을 발휘해, 미친듯이 성공 가도를 달리는 것은 아니다. 하지만 결국 큰 보상을 받을 거라고 믿는다. 아침에 일어나서 유튜브만 보는 것 같아서 좀 마음에 찔리지만, 그에겐 생산성이란 '북극성'이 있다. 새벽에 일어나려면 얼른 잠자리에 들어야 하니, 친구나 지인과의 저녁 약속은 거의 불가능하다. 사람들한테 시답지 않은 말을 들으며 시간 낭비하느니 집에 얼른 들어와 북극성을 찾는데 집중한다.

그렇다고 그가 아예 사람을 저버린 것은 아니다. 내심 그는 〈비포 선라이즈〉와 같은 로맨스를 꿈꾼다. 비엔나로 가는 기차 안에서 마음에 드는 연인을 만나서 사랑에 빠지는 그런 판타스틱하면서 몽환적인 로맨스를 상상한다. 그는 자신이 자연스러운 만남을 추구하는, 요즘 말로 '자만추'라고 강조한다. 인위적인 것은 딱 질색이다. 그런데 그가 말하는 자만추란 〈비포 선라이즈〉, 〈비포 선셋〉과 같은 픽션에서 나오는 자만추이다.

그건 영화 속 이야기. 픽션의 자만추와 현실의 자만추는 하늘과 땅 차이다. 그것을 현실에서 접하기 위해서는 비엔나만 100번 가서 같은 기차를 300번 타야 한 번 성사될까 말까이다. 그것이 사회과학적 추론이다. 그래도 그런 과학적 확률을 저버리고 싶다. 그런 상상마저 못 하면 인생이 너무 비참해질 것만 같다. 오늘도 잠자리 들기 전에 그는 줄리 델피의 'An Ocean Apart'를 듣는다. 귀신 나올 것만 같은 음성이다. 꿈에서만큼은 자만추가 성사되기를 기원한다. 잠들기 전, 그가 중얼거린다. "굿나잇, 줄리."

○ ○ ○ ○

제인 에어들은 생산성을 좋아한다. 혼자서 하는 것을 좋아한다. 이들은 대학교 때 조별 과제를 증오했다. 다른 사람과의 협업이나 조화가 쉽지 않다. 그것은 시간 낭비이고, 에너지 낭비다. 학교를 졸업하고, 더 이상의 조별 과제는 없지만, 많은 경우 회사나 소속 집단에서 사회적인 역할을 해야 한다. 그래서 사적 관계에서라도 이들은 다른 사람들과 시간을 함께 보내면서 낭비하느니, 내가 할 수 있는 일에 집중하겠다고 한다. 위의 사례 속 인물도 유사하다.

몇 년 전까지 선풍적인 인기를 끈 미라클 모닝을 지금까지 꾸준하게 지켜온다. 그렇다고 엄청 생산적인 일을 하는 것은 아니고 유튜브 시청으로 시간을 보내기 일쑤다. 자신만의 시간에 집중하면 인생이 바뀐다는 신념도 있다. 그들은 독립적이며 합리적이다. 그런데 한편으로 채워지지 않는 구석이 있다. 그것은 바로 사람들과 어울려야 느낄 수 있는 즐거움과 기쁨, 애정이나 관심이다. 일부는 '자만추'라면서 인위적인 만남을 싫어하고 자연스럽게 상대방을 알아갔으면 좋겠다고 말한다.

하지만 그들의 인생 경로를 고려하면, 절대 자연스럽게 인연을 만날 수 없다. 사회과학적으로 기적이 아니면, 그들의 협소한 인간관계에서 미친듯이 로맨틱한 만남은 불가능에 가깝다. 덧붙여 그들은 너무 영화나 드라마, 소설을 많이 봐서, 과몰입하기도 한다. 그리고 제인 에어 중에서 일부는 그동안 봐 온 영화를 기준으로 자신의 삶을 해석하기도 했다. 이를테면, 로맨틱 코미디 같은 영화에서 봐 온 내용이 나의 현실에서 나타날 것이라고 믿기도 한다. 상상은 자유지만, 그것은 현실이 아니라 안타깝게도 영화다. 심지어 장르는 로맨틱 코미디다. 그들의 꿈은 이루어질까?

높은 수준의 아비투스,
놓치지 않을 거예요

새로운 사람을 만나는 것은 힘들고 어려운 작업이다. 소개 팅은 더욱 그러하다. 자신의 마음에 쏙 드는 짝을 찾는데, 그게 결코 쉬운 일이 아니다. 원하는 것이 많고 기대치가 높을수록, 자신이 원하는 사람을 만날 가능성은 줄어든다. 게다가 높은 수준의 기대를 품지만, 그것을 충족시켜 주지 못하는 상대를 만났을 때, 그 씁쓸한 현실을 마주할 때 서 글프다고 했다. 김유진도 그러했다. 그녀는 높은 수준의 교 양과 소양을 선호한다. 식사할 때, 팔꿈치를 테이블에 붙이는 남성을 경멸한다. 테이블 매너 빵점은 바로 아웃이다. 상대방의 좋은 모습보다 나쁜 모습이 먼저 눈에 들어온다는 그녀. 김유진은 높은 아비투스 수준을 겸비한 남성을 찾고 있다.

나, 이러다가
맥도날드 할머니 되면 어떡하지?

"혹시 빅터 프랭클 좋아하세요?" 소개팅에 나간 31세 여성, 김유진에게는 너무나 중차대한 질문이다. 진실의 종이 울리냐, 마냐를 결정하는 문제다. 그러자 맞은편에 앉은 소개팅남은 갑자기 입맛을 다시면서, "새로 나온 독일 소시지 브랜드 아니에요?"라고 말한다. 그녀는 티나지 않도록 작게 한숨을 쉬었다.

그리고 이어지는 두 번째 질문, "한나 아렌트를 아세요?" 자꾸 수수께끼 같은 질문을 받자, 그는 다소 성가신 듯 미간을 살짝 찡그렸다가 뭔가 떠올랐다는 듯이 기쁜 목소리로 말한다. "아, 알아요. 망원동에 새로 문 연 독일 디저트 가게잖아요." 오, 하늘이시여. 진실의 종은 울렸다, '땡'이라고. 그것도 두 번이나.

어떻게 《죽음의 수용소에서》의 저자 빅터 프랭클 그리고 '악의 평범성'을 역설한 한나 아렌트를 모를 수 있는가? 그렇다. 그녀에게는 아비투스가 중요하다. 하비투스가 아니다. H는 묵음이다. 중차대한 두 가지 질문 모두 '땡'을 기록한 소개팅남은 곧 폐기될 예정이다.

아니, 소개팅남은 관악구 S대를 나왔다는데, S대 나왔다고 모두가 지적인 것도 아니고 아비투스 수준이 높은 것도 아니다. 그녀가 원하는 것은 아비투스 상위 1% 남성이다. 좀 더 쉽게 말하면, 테이스트taste가 있는 남성이다. 하지만 이러한 테이스트의 존재 여부가 사람들에게는 별로 중요하지 않은 모양이다.

특히 그녀의 엄마가 그렇다. 그녀의 모친은 아비투스 1%를 찾으려는 그녀를 독려해 주기는커녕, "아비투스가 밥 먹여 주냐!"며 대차게 힐난했다. 아니나 다를까, 오늘 소개팅남과의 일화를 말해주니 모친 왈, "너, 그러다가 맥도날드 할머니처럼 된다"라고 엄중히 경고하고 안방 문을 꽝 닫고 들어가 버린다.

그녀는 맥도날드 할머니가 누군지 몰라서 인터넷에 찾아봤다. 기다렸다는 듯이, 앙증맞은 '나무위키'가 상단을 차지했다. 그녀의 일생을 일목요연하게 정리한 페이지인데, 눈이 너무 높아서 제대로 된 사람을 찾지 못하고, 경제적으로 무능해서 맥도날드를 전전하다가 길에서 죽음을 맞이한 불행한 여성이었다. 내가 이 할머니처럼 된다고?

이번에는 유튜브를 검색했다. 그러자 그녀가 살아생전 했던 방송사와의 인터뷰 내용을 접할 수 있었다. 지금은 고인이지만 당시 삶의 거의 끄트머리에서도 좋은 남자를 만나고 싶다고 피디를 붙잡고 길게 하소연했다. 평범한 사람은 사절이고, 국가 지도자급은 되어야 만날 수 있다고.

그리고 당시 자신의 궁핍한 상태를 스스로 허락할 수 없다는 듯이 "not permit, permit"라며 강조했다. 저럴 때는 permit가 아니라 allow가 맞는 표현 아닌가. 언어 표현에 예민한 김유진은 나름 또 머리를 굴려 가면서 그 할머니의 영어 실력을 평가하고 있었다. 생각보다 할머니가 그렇게 영어를 썩 잘하는 것 같지는 않아 보였다.

백마 탄 왕자를 만나겠다는 할머니의 이야기를 접하니, 정신이 번쩍 들었다. 타인의 삶을 통해서 강렬한 충격 요법을 경험하니, 일정한 깨달음이 찾아왔다. 무엇부터 해야 할까? 그녀는 아까 헤어진 소개팅 남에게 카톡을 보낸다. 그에게 한 번의 기회를 더 주고 싶다. 뭐라고 말을 꺼내면 좋을까? "아까 말씀하신 망원동 독일 디저트 가게 같이 갈래요? 저도 궁금해요."

○○○

남녀를 막론하고 제인 에어들은 기대치가 높다. 좀 더 쉬운 말로 눈이 높다. 겻불은 쬐지 않겠다는 양반과 유사하다. 그들은 요구 조건이 많고 복잡하다. 특히 제인 에어들은 문화적 식견, 미감, 독서량, 아비투스, 지식수준과 같이 추상적인 가치를 좋아한다. 차라리 키 183 이상과 같이 정량적인 기준 하나만 있으면, 훨씬 명확하고 쉬울 텐데.

복합적이고 전인격적인 존재를 찾기 위하여 종합적으로 검토한다. 그들만의 '르네상스맨'을 찾기 위한 섬세하고 복잡다단한 기준을 상시 가동한다. 자연스레 그에 상응하는 조건은 찾기 어렵고 인간관계도 협소해진다. 그래도 끝까지 아무나 만날 수 없다고 다짐한다. 아무나 만나느니, 차라리 혼자서 지내겠다고 선언한다.

그들이 요구하는 조건은 대단히 구체적이고 높다. 사람을 만나는 기준에 있어서, 자신만의 관점이 있다는 것은 분명 좋은 일이다. 하지만 이처럼 드높은 기준을 상대방에게 들이대면 정작 만날 수 있는 사람의 규모가 현저하게 줄어든다. 결국은 자신이 원하는 사람을 더욱 만나기 어려운 상황에 놓인다. 우리는 모두 한정된 시간을 부여받았다. 영원히 이십대일 수 없다. 언제까지 젊은 몸과 마음을 가질 수는 없다. 관계 역시 이러한 제한된 시간 내에서 우리가 취할 수 있는 자원의 하나다.

제인 에어로부터의 탈출,
Say good bye to Jane Eyre

그런데 여기 특수한 사례가 있다. 제인 에어 유형을 탈피하고, 새로운 삶을 찾아 좋아 죽겠다는 남성을 만났다. 그는 과거 자신을 한 마리의 애벌레라고 했다. 그만큼 미천하고 추한 존재였다고 털어놓는다. 어릴 적 읽은 동화《꽃들에게 희망을》을 기억하는가? 애벌레가 한 마리의 아름다운 나비로 변신하였듯이, 이제 그는 이 꽃 저 꽃을 넘나들며, 좋아 죽겠단다. 주말마다 과도한 쾌락에 혼미할 정도라고 했다. 무엇이 그를 이토록 변하게 했을까? 제인 에어로부터 탈출한 한석준의 이야기를 들어본다.

그는 자신을 '진짜 한국 남자'라고 소개한다. 아니, 세상에 가짜 한국 남자도 있나? 그는 언뜻 미국 교포 같은 분위기가 난다. 탈-제인 에어를 선언한 대기업에서 일하고 있는 33세 한석준은 거대한 포부부터 읊는다. 그는 한국 남성의 매력을 알려주고 싶단다, 전 세계 여성들에게. 이건 또 무슨 소리인가?

그는 자신을 진정한 한국 남성의 매력을 가진 '진짜original'라고 강조한다. 국가대표를 자처한다. 자랑스러운 Made in Korea이다. 그는 이태원과 해방촌, 녹사평을 돌아다니며 외국인 여성을 만난다. 그가 특히 좋아하는 여성은 교포 여성이다. 그녀들은 한석준을 가리켜, 전형적인 한국인의 매력과 세련된 국제 감각을 함께 갖췄다며 좋아한다.

그가 특별히 잘생긴 것은 아니지만 그의 사고방식이나 화술은 여느 뉴요커와 비슷하다. 월스트리트의 금융계 종사자를 일컫는 '파이낸스 브로finance bro' 같은 이미지다. 여기서 언어 능력이 매우 중요하다. 제아무리 잘생기고 몸이 좋다 한들, 영어 실력이 부족하면, 바로 탈락이다. 그런 친구들은 대신 넷플릭스에서 만드는 〈솔로 지옥〉 같은 프로그램에 나가서 영어 자막의 도움을 받아야 한다.

영어 자막 서비스가 없는 실제 전장에서는 그만큼 언어 능력이 중요하다. 외계인과 사귈 수 없는 것처럼 말이다. 예를 들어, 이성을 유혹하는 절체절명의 순간에 갑자기 파파고 내지는 구글 번역기를 상대방

입 언저리에 가져다 대는 남성을 상상해 본 적이 있는가? 바로 오만 정이 떨어지면서, 그의 소프트웨어 부재를 탓할 것이다. 외국인 여성, 교포를 좋아하는 그는 거의 원어민처럼 영어를 구사한다.

그는 친구들에게 모국어와 외국어를 거의 같은 수준으로 구사해야 한다고 강조했다. 한국어가 1이면 영어도 1정도 되어야 그 사람의 생각과 재치, 매력이 전달될 수 있다는 논리다. 만약 영어 실력이 0.3에 지나지 않으면 매력도 30%밖에 전달되지 않는 셈이다. 그는 친구들 앞에서 자랑스럽게 늘어놓는다. "너는 30점에 만족할래? 아님 노력해서, 80점 맞을래?" 그의 무용담에 친구들은 기가 죽는다.

그가 처음부터 이렇게 외국인 여성을 상대로 엽색 행각에 골몰한 것은 아니다. 믿기 어렵겠지만, 그는 여자 경험이 별로 없던 남성이었다. 여성에 대한 기대치도 높은 편이었다. 게다가 부끄러움도 많은 편이었다. 그는 말이 잘 통하는 여자가 좋다는 말을 입에 달고 살았다. 언어는 인간과 동물을 구별하는 가장 강력한 시그널 아니던가? 영혼의 대화가 없다면 우리의 삶은 가축의 일회성 짝짓기와 진배없다고 말하고 다녔다.

한때 그에게도 순수한 로맨티시스트인 시절도 있었다. 당연히 연애 전선은 끝나지 않는 가뭄과 같았다. 단 한 명의 궁극의 '소울 메이트'를 찾겠다는데 그게 어디 쉽게 찾아지나? 그러다가 친구랑 술을 마시다가 어쩌다 한 번 녹사평에서 외국인 여성과 성관계를 맺었다. 그 이후 그는 완전히 다른 사람이 되었다. 그는 과거 사하라 사막 정중앙에서 기우제를 하염없이 지내던 자신을 책망했다. 이제는 몸이 움직이는 대로, 본능을 터주기로 작심했다. 로맨티시스트가 급격한 일탈과 방황의 노선을 밟으니 정신을 못 차리고 폭주하고 있다.

현재 그는 세계 각지의 다양한 여성을 거치고 있지만, 언젠가는 어느 교포 여성이 그의 방황을 멈춰줄 것이라고 믿고 있다. 그때까지 그는 즐거운 시간을 계속 보낼 것이다. 녹사평의 넘버원, 김치남 국가대표이다.

국가대표에게는 건강 관리도 필수다. 그는 2주에 한 번 병원에서 성병을 검사한다. 목요일 오후 5시 52분, 지난주 녹사평 재즈바에서 만나서 잠시 말을 건 스웨덴 여성이 왓츠앱으로 연락이 왔다. 문득 스웨덴은 어떤 나라일까? 그의 방대한 컬렉션에 곧 스웨덴이 추가될 예정이다.

○ ○ ○

어떤 작은 계기가 인생을 바꾼다. 그렇게 바뀐 인생에 따라서 관계도 바뀐다. 위의 인물은 그동안 자신이 믿고, 생각했던 관계의 의미를 180도 바꿨다. 그리고 그는 만족한다. 우리가 그동안 믿고 있던 관계에 대한 기준이나 관점도 일시적일 수 있다. 언제든 바뀔 수 있다. 그동안 너무 한 가지 시각으로 관계와 사람을 바라본 것은 아닐까?

조금만 시각을 달리하면, 그동안에 얻지 못한 많은 경험과 세상이 펼쳐질 수 있다. 기존의 관점을 바꾸고 만족해하는 사람들이 꽤 많았다. 그동안 좁은 시각에 매여 살았던 것이 후회된다고 답했다. 어쩌면 우리에게 필요한 것은 타인과 관계를 바라보는 새로운 시선은 아닐까?

4

인생은
밸런스 게임이 아니다

왜 이 세상에는 내 마음에 쏙 드는 사람은 없는 것일까? 오늘도 그렇게 실망한다. 지덕체智德體를 다 갖춘 사람까지 바라지도 않는다. 21세기 제인 에어들은 '지덕체' 중에서 지를 가장 중요하게 생각하는데, 늘 조금씩 모자라는 사람들 사이에서 딜레마에 빠진다. 이은혜도 그러했다. 대학원생인 그녀는 지적인 사람을 좋아한다고 강조해 왔다. 맨날 "스마트한 사람이 나의 이상형"이라고 말하고 다녔다.

그런데 정작 상대방의 스마트함을 음미하기 전에 훅 치

고 들어오는 '날것의 비주얼'에 정신이 혼미하다. 그녀는 이제 정말 스마트한 것이 내가 원하는 것인지 의문이 들었다. 그동안 강하게 믿어온 어떤 믿음이 흔들리는 순간이다. 이제 그녀는 스스로 타협해야 하나, 그런 생각에 사로잡힌다. 그녀의 딜레마, 그녀의 선택과 타협에 관한 이야기를 들어봤다.

양양 서핑남이냐,

여의도 청년 정치인이냐?

"양양 같은 곳에서 남자를 만나느니, 차라리 청산가리를 털어먹을래." 친구들이 동해안 양양에 서핑하러 가자고 말하자, 그녀는 강한 거부 반응을 보인다. 25세 대학원생 이은혜는 '핫 가이'들이 지천으로 널렸다는 양양을 싫어한다. 그곳은 남자 공급이 많고 여자 공급이 적어서 여자에게 유리한 골드러쉬란다. 경험자에 따르면, 넷플릭스의 〈솔로 지옥〉에 나올 법한 남자들이 우르르 떼 지어서 나온단다.

이를테면, "전 여친은 내 얼굴 보면 화가 풀려서 싸운 적이 없었다"라는 '소신 발언'을 하는 남자가 최소 100명 있단다. 하지만 그녀에게는 바로 탈락이다. 그녀는 지적인 남자를 찾는다. 그녀에겐 잘생긴 본인 얼굴 때문에 싸운 적이 없다고 으스대는 그 남정네가 징그럽게만 느껴진다. 거기에는 한 줌의 지적인 영혼도 없다.

그런 그녀가 가는 곳은 독서 클럽이다. 어디 비좁은 빌딩에 닭장처럼 박혀서 책 이야기하는 그런 모임 있지 않은가? 아뿔싸, 한 가지 간과한 것이 있었다. 추상적인 것을 이해하기 위해서는 먼저 구체적인 양상에 주목할 수밖에 없다는 사실을. 그들의 구체적인 모습을 보면 한숨이 나오고 신경이 마구 거슬린다. 먼저 거기 남자들의 등은 다들 굽어있고, 두꺼운 안경을 쓰고 있으며, 눈도 마주치지 않고 혼자서 신나게 떠들었다. 그들은 결정적으로 말이 너무 많았다.

거대한 쓰나미가 몰려오는 것 같았다. 뭔가 중요한 말을 하는 것 같아서 주의 집중하고 있으면 어느 순간 확 짜증이 났다. 그 뚱뚱하고 못생긴 청년 정치인 있지 않은가? 그런 비주얼을 가진 사람들이 무슨 약속이라도 한 듯이 최소 12명씩 단체로 앉아 있었다. 한 명도 부담스러운데 열두 명이라니. 갑자기 그녀는 까스활명수를 마시고 싶어졌다. 궁금한 마음에 쉬는 시간에 그녀는 말이 가장 많은 남성에게 다가가 물어봤다. "혹시 여의도에서 일하세요?"

○ ○ ○ ○

인생은 밸런스 게임이 아니다. 인생은 극단적인 설정에서 급하게 하나를 선택해야 하는 양자택일의 문제가 아니다. 균형점을 찾아야 한다. 고대 로마의 현인들도 균형 잡힌 삶이 중요하다고 하지 않던가. 어떤 특정한 대상만을 보고 전체를 좌우하는 결정을 내릴 수는 없다. 위의 사례에서 알 수 있듯이, 어떤 사람들은 외모보다 지적인 매력을 더 중요하게 여긴다. 그들이 바로 21세기 제인 에어다. 동명의 소설에 등장하는 그리 잘생겼다고 볼 수 없는 로체스터에 끌리는 제인 에어처럼 말이다.

그렇다고 그들이 상대적으로 얼굴이나 외모를 덜 보는 것이지, 아예 보지 않는 것은 아니다. 그들도 마더 테레사는 아니다. 눈을 감고 살지는 않는다. 대놓고 말하지는 않지만, 그들도 일정한 기대와 기준이 있다. 노골적으로 말하지 않는 것은 그만큼 스스로 자신이 교양 있다고 생각하기 때문일 것이다. 그래도 가끔 이렇게 말을 하기도 한다. 대학원생 20대 여성 A는 말한다. "지적인 사람을 좋아하지만, 그렇다고 외모나 얼굴을 아예 안 보는 것은 아니다."

남자 제인 에어들도 마차가지다. 30대 회사원 B가 말한다. 그의 이상형은 지적인 여자다. 지적인 여자와 인생에 관해서 이야기하고 싶다고 했다. '센스 오브 유머'가 중요하단다. 하지만 그렇다고 백날 고급스러운 유머 감각이나 지식 교양만 타령하지 않는다. 제인 에어들이라고 해서 24시간 내내 인생 철학과 삶의 방향성을 이야기하지는 않는다. 그들도 살아 숨 쉬는 인간이다. 일상적인 대화와 함께 여느 사람들과 비슷한 본능을 품고 산다. 단, 상대적인 차이만 있을 뿐이다.

이러한 맥락에서, 최근까지 폭발적인 인기를 누린 심리 테스트나 각종 성격 검사의 단점도 언급할 수 있다. 결과적으로 이러한 테스트들은 사람들을 특정한 유형에 가두게끔 만든다. 즉 특정한 유형에 속한다는 이유로, 그것이 나의 전체라고 쉽게 믿는다. 많은 사람과의 인터뷰를 통해서, 이러한 경향성이 얼마나 위험한지 절실하게 체감했다.

유형은 그 자체로 유형일 뿐, 얼마든지 바뀔 수 있다. 무엇보다 우리는 다양한 특성과 성향을 내재한 사람이며, 한 가지 특징만을 가지고 우리의 정체성 전부를 설명할 수는 없다. 그것이 '나'라는 존재의 다양성이며, 그 다양성을 인정할 수 있을 때, 타인이 가지고 있는 다양성도 이해할 수 있을 것이다. 책을 좋아한다고 해서, 서핑을 싫어하는 것은 아니다. 클럽을 좋아한다고 해서 베토벤을 싫어하는 것은 아니다.

지적인 남녀 제인 에어들은 지적인 사람을 좋아한다. 그런데 그렇다고 지적인 사람만을 좋아하는 것은 아니다. 그래서 우리 모두 겉으로 보기엔, 사뭇 다르게 보이는 그러한 욕망 사이에서 최적의 균형을 찾는 것이 현명한 삶의 방식 아닐까? 특정한 유형에 해당하는지에만 매몰되어, 우리가 정말 깊게 고민해야 하는 질문을 놓치는 것은 아닌지.

이어지는 사연은 제인 에어들의 복수 선언이다. 한편으로 그들은 독하고 무서운 존재이다. 자칫하면 뼈도 못 추린다는 무시무시한 증언을 들었다. 그들을 도발케 하며, 복수를 부추기는 사람들은 누구인가? 그들의 인생 철학이나 삶의 방향성을 농락하는 나쁜 사람들은 누구인가? 제인 에어의 적은 누구인가?

"우리가 무슨

로미오와 줄리엣은 아니잖아?"

대학생 민서연은 하계 인턴으로 모 신문사에서 일하게 되었다. 거기에서 같이 인턴을 한 이경진을 만났다. 그는 그녀에게 아침에는 커피 마시자고, 점심에는 밥 먹자고, 저녁에는 술 마시고 끈질기게 연락했다. 너무 목적성이 다분하지 않은가? 그런데 그의 외모는 매우 준수한 편이었다. 기자를 준비하는 남자 지망생의 일반적인 생김새와는 아주 달랐다. 평균치를 확 끌어올린달까? 일종의 '아웃라이어'였다. 자연스레 그의 외모에 끌렸다. 그리고 저 남자가 진짜 나를 좋아한다는 확신이 들 무렵, 그와 함께 밤을 보냈다.

그렇게 둘은 아침을 맞이하고 부스스한 모습으로 같이 신촌 거리를 걷는데, 그때까지만 해도 민서연은 이제 그와 사귀는 줄 알았다. 철석같이 믿었다. 그런데 그가 작정한 듯 충격적인 발언을 했다. "우리는 자유로운 관계 아니냐? 두 유 노 오픈 릴레이션십?" 그는 딱히 미국에 산 적도 없고 카투사에서 군 생활을 했을 뿐인데 어디서 들은 것은 또 있다. 되레 '촌스럽게 왜 그러냐'는 식으로 말을 보탰다. 심드렁하게 그가 내뱉는다. "우리가 무슨 로미오와 줄리엣은 아니잖아?" 그녀는 그 말에 큰 상처를 입었다. 가슴을 후벼 파는 말이었다. 그녀는 그와 다시 연락하지 않았다.

그런데 그가 거의 모든 여성 인턴에게 다 수작을 부렸다는 소문을 나중에 접했다. 같이 인턴을 한 그녀의 가장 친한 친구를 비롯하여 열다섯 명에 달하는 여성 인턴들이 그와 관계를 맺었단다. 다수 피해자의 일치된 증언이 있었다. 인턴 사이에 불거진 미투 운동이라 할 만하다. 왜 그는 하라는 인턴 일은 제대로 하지 않고 그렇게 난봉질에 골몰했나?

그리고 거사를 치른 후, 그는 매번 다른 여성들에게 같은 변명을 되풀이했다. "우리가 무슨 로미오와 줄리엣은 아니잖아?" 하도 기이해서 찾아보니, 영화 〈도둑들〉에서 마카오 박의 대사였다. 이제 그녀는 그를 절대로 용서할 수 없다. 자신의 쾌락을 위해, 진짜 사랑하는 것처럼 수작 부리는 그의 행태는 천벌 받아 마땅하다. 나만을 좋아하고 사랑할 것이라고 믿은 스스로가 원망스러웠다.

그렇게 뜨거운 여름이 지나고, 제정신으로 돌아와 성실하게 활동한 그녀는 이제 어엿한 기자가 되었다. 그런데 어떻게 해야 여자와 더 잘 수 있을까만 골몰한 이경진은 족족 다 떨어졌다. 아직 이 사회에는 정의와 상식이 살아있다. 그리고 한참 시간이 더 흘러, 흥미로운 소식을 접했다. 마카오 박 대사를 읊던 이경진이 어느 작은 언론사의 신입으로 입사했다는 것이다.

그는 연이은 낙방에 잠시 기업에서 일하다가 기자 생활에 대한 미련을 못 잊어 시험을 보고 다시 신입으로 입사했단다. 그리고 이제 그녀는 어엿한 선배 기자다. 오호라, 이제 그녀는 복수를 준비 중이다. 경찰 출입처에서 마주치면 어떻게 괴롭힐 것인가? 기자실에서 만나면 뭐라 할까? 이제 복수의 시간이다. 신나서 밤에 잠이 안 온다.

○○○○

남자 제인 에어도 유사하다. 상대방이 자신의 진정성을 농락했다며 격분하기도 한다. 쉽게 말해 자신을 가지고 놀았다고 생각한다. 얼마 전 여성이 자신을 유혹해서 관계를 맺은 후, 바로 차단당했다는 직장인 C도 그렇다. 내가 그렇게 부족했었나? 그는 상념에 젖은 얼굴이다.

그에 따르면, 상대방이 유독 그에게 친절해서 자신을 정말 좋아하는 줄 알았다고 한다. 그에게는 성적인 경험 이전에 일정 이상의 친밀함이 필요한데, 그런 것을 쉽게 생략하고 바로 관계에 몰두하는 사람들이 싫단다. 그래서 정말 자신을 좋아하는 줄 알고 연락했는데, 상대방이 차단했다는 사실에 많이 화가 났다고 한다. 그만의 이야기는 아니다.

이 세상의 무수한 남녀 제인 에어들은 성 경험 이전에 상호 신뢰와 애정이 있어야 한다고 굳게 믿는다. 이러한 부분에 대한 설명이나 고민 없이 바로 다음 단계로 나아가는 것을 매우 불편하게 여긴다. 몸과 마음이 동시에 움직여야 한다고 믿는다. 몸만 먼저 움직이는 것을 허락하지 않는다. 그걸 천박하다고 생각한다. 그걸 농락당했다고 표현한다. 자신의 성적 자기 결정권이 침해받았다고 여긴다. 자신을 하룻밤 불장난을 위해 이용한 것 같아 두고두고 격분한다. 상대방이 나를 정말 좋아하는 줄 알았는데, 그들이 원하는 것은 나의 몸에 불과했다는 사실에, 그리고 그것을 사전에 밝히지 않고 좋아하는 척 연기했다는 사실에 더욱 격분한다.

다양한 사람들이 사는 세상이다. 생각이나 가치관, 기준이 모두 다르다. 모두 제인 에어와 같은 기준을 가지고 있지는 않다. 그러니 이러한 부분에 대해서 사전에 구체적인 대화가 필요하다. 상대방이 이용당했다거나, 농락 내지는 우롱당했다는 느낌이 들지 않도록 일정한 배려가 필요하지 않을까? 그렇지 않을 때, 모두가 불행해지는 슬픈 결말로 이어질 수 있다.

2장
MZ 개츠비

그렇다. 동명의 소설로 유명한 그 개츠비다. 100여 년이 지나, 그 개츠비와 유사한 사람들을 한국에서도 쉽게 볼 수 있다. 이들은 다른 사람들로부터 인기와 인정을 받고 싶다. 내가 얼마나 대단한 사람이고, 부유하며, 지식과 학식이 넘치는 사람인지를 인정받으려 한다.

개츠비가 오매불망 데이지의 사랑을 갈구했다면, 오늘을 사는 MZ 개츠비들은 다르다. 한 명에게 목매는 방식은 너무 구식이다. 하물며 달걀도 한 바구니에 담지 말라고 하지 않던가. 한 명의 데이지보다 천 명의 데이지가 더 좋다. 한 사람에게 많은 것을 기대하느니, 천 명에게 작은 것을 기대하련다.

이들은 불특정 다수로부터 동시다발적인 관심과 인기를 원한다. 이러한 관심과 인기를 원한다면, 모두가 개츠비가 된다. 성의 구분도 없다. 관심과 인기, 덧붙여 약간의 인간적인 공감을 원한다면, 우리 모두 개츠비가 된다.

그렇다면 가공할 만한 수준의 인정을 어떻게 끌어낼 수 있을까? 20세기 개츠비가 그러했듯이 우선 돈으로 해결한다. 화려한 파티를 주최하고, 비용을 내면 된다. 물주 역할을 맡는다. 그때나 지금이나 돈이 세상을 움직인다. 적어도 일차원적인 사람들의 관심과 환대를 받을 수 있다. 세상엔 공짜 술과 밥을 좋아하는 사람들이 많다. 그들에게 원하는 것을 성큼 떼어주면 기계적인 반응이나마 일정 수준 이상의 흥행이 보장된다. 그러니 과거나 지금이나 위대해지기 위해서는 돈이 많아야 한다. 단, 과거와 달라진 점도 있다. 과거 데이지의 사랑을 되찾고, 과거를 바꿀 수 있다고 믿는 그는 이제 없다.

하지만 요즘 개츠비들은 불특정 다수의 관심과 사랑을 받고, 나의 존재를 북돋아 줄 관중만 있으면 족하다. 과거를 왜 바꾸려 드는가? 다 부질없다. 덧붙여 데이지가 친 사고를 구태여 수습하려 들지 않는다. 나의 인생은 소중하다. 소설 속 데이지의 허물을 대신 덮어주는 그런 비이성적인 행동은 하지 않는다. 우리 모두 성인 아닌가? 성인이면 자신의 행동에 책임을 져야 한다. 이럴 때는 또 MZ 개츠비들은 냉정하고 현실적이다.

그들이 원하는 것은 꺼지지 않는 인기와 관심이다. 조건 없는 관심과 폭발적인 인기를 누리고자 한다. 그것이 피상적이어도 상관 없다. 어차피 인생은 피상적이니까. 그들은 복잡한 것을 싫어한다. 미친듯이 심플해야 한다. 즉각적이어야 한다. 덧붙여 이랬다저랬다 하는 것은 딱 질색이다. 그들은 변절을 싫어한다. 태양계의 태양을 자처한다. 태양을 공전하는 행성들에 신뢰와 믿음, 응원을 기대한다.

그냥 나를 믿고 계속 좋아해 줬으면 좋겠다. 그들은 아이돌을 바라보는 눈빛으로 자신을 바라봐 줄 것을 기대한다. 그런데 가끔, 아주 가끔 그러한 환대와 인기가 허망하다고 느낄 때가 있단다. 그들도 인간이니 어떤 친밀함과 진정성을 느끼고 싶다고 말한다. 가끔 인간적인 감정에 마음이 약해지기도 한다. 어쩌면 그게 그들의 비극일지 모른다. 이제 그들의 면면을 살펴볼 시간이다.

1

MZ 개츠비,
그들은 누구인가?

우선 그들은 너무 바쁘다. 당장 한 명이라도 더 만나야 한다. 이 세상에 숨어있는 데이지를 찾기 위해 실시간으로 분주하다. 그들은 자신을 지켜봐 줄 관중을 찾는다. MZ 개츠비들은 온라인에서 맹활약 중이다. 20세기 개츠비가 경험하지 못한 IT 기술을 적극적으로 활용한다.

그들은 잠들지 않은 인기몰이에 여념이 없다. 그토록 그들이 원하는 인기와 관심의 본질은 무엇일까? 그들도 정확히는 모른다. 확실한 것은 그러한 인기와 관심이 없으면 보잘것없는 존재가 되는 느낌이라고 했다. 왜 이토록 인기에 집착하는 것일까? 무엇을 그토록 과시하고 싶을까? 그들에게 관심과 인기는 물과 공기 같다. 삶의 필수재다. 없으면 큰일 난다. 생존이 위협받는다. 그렇게 자신의 존재를 매번 확인 받고 싶다.

동시에 그들은 자신의 권위에 도전하는 모든 행위를 싫어한다. 그들은 사람들이 자신의 말을 그대로 고분고분 믿어주기를 바란다. 자신의 신상 관련 의심 가는 부분에 대해서 잦은 질문을 하는 사람을 꺼린다. 자칫 과거에 한 자신의 거짓말이 들통날 수 있기 때문이다. 그만큼 진솔하고 깊은 관계로 발전하는 데 어려움이 있다. 그들은 설사 자신의 신상에 대해서 거짓이 있다 해도 상대방이 무조건 믿어주기를 바란다.

그런데 진지한 관계일수록, 그 사람의 일관성과 신뢰성이 중요하다. 이번에는 이렇게 말하고, 저번에는 저렇게 말한다면, 어떻게 그 사람을 믿을 수 있겠는가? 아무개가 개츠비에 의심을 품고, 그들에게 같은 질문을 시간차를 두고 물어볼 때도 있다. 이러한 '일관성 검사'에서, 개츠비는 오락가락한다. 마치 소설에서는 옥스퍼드 나왔다고 했지만, 계속 물어보면 얼떨결에 "캠브리지?"라고 말할 수 있는 것처럼 말이다. 사실 병적인 거짓말쟁이 개츠비에게 그건 "냉면이냐, 막국수냐?"와 같은 질문에 불과하다.

MZ 개츠비들도 마찬가지다. 누가 자꾸 추궁하듯이 물어보는 것을 싫어한다. 그들은 과거 즉흥적으로 거짓말을 하거나 사실이 아닌 내용을 과장한 바 있다. 똑똑한 아무개가 뭔가 낌새를 눈치채고, 진상 규명에 들어간다면, 그들은 강한 거부 반응을 보일 것이다. 당장은 그렇게 사람을 내치고, 자신의 위치를 유지할 수 있지만, 그것도 하루 이틀이다. 무엇보다 장기적인 관계, 지속적인 관계 유지는 어렵다.

그들은 쉽게 교체되는 관계를 바탕으로, 자신의 인기와 관심을 얻는데 골몰한다. 관계의 지속성보다는 일회성 관심과 환대가 중요하다. 그렇게 사람을 많이 모으는 것 같은데, 그만큼 쉽게 교체된다. 관계도 매우 단기적이다. 신뢰나 장기적인 관계에 대해 이렇다 할 필요성을 느끼지 못한다. 개츠비들은 타인으로부터 인간적인 위로를 받을 수 없거나 깊은 공감대 형성이 불가하다. 물론 그들이 자초한 일이기도 하다.

자신보다 경제적으로 더 부유한, 사회적으로 활발한 사람이 등장하는 경우, 그들을 어떻게든 깎아내려서 상대적으로 자신의 위치를 부각하려 한다. 쉽게 말해, 대접받는 것을 좋아한다. VIP 대접을 받아야 직성이 풀리는데, 조금이나마 남들보다 자신이 덜한 대접을 받고 있다 싶으면, 매우 분노한다. 아이돌 세계에서 흔히들 일어난다는 '센터 자리'에 대한 욕심과 유사하다. 그들은 정 중앙에 서는 아이돌의 리더처럼 자신이 다른 누구보다도 더 많은 스포트라이트를 받아야 한다고 믿는다. 만약 그러한 자리에서 밀려났다고 생각하면 누구보다도 분노하며, 어떻게든 자신의 자리를 회복하고자 노력한다.

계속 인기를 유지하기 위해서, 그룹 다이내믹(집단 역학)을 이용하는 경향이 있다. 그들은 그들이 속한 집단과 세계에서 자신보다 더 주목받는 대상이 등장하는 경우, 여러 사람을 통해서 그 사람의 영향력을 무력화하려 한다. 일종의 '일진 놀이'라고 할 수 있다. 좀 더 나쁘게 말하면, 왕따로 몰아가면서 그 사람을 축출하려고 기획한다. 물론 너무 대놓고 이러한 작업에 들어가면 후폭풍이 있을 수 있으니, 그들은 은은하게 자행하거나 때론 자신보다 밑에 있는 사람에게 용역을 맡기기도 한다. 글로벌 팝스타인 T도 유사하다. 그녀는 이러한 일진 놀이를 통해 자신이 속한 무리 중에서 자신이 여왕벌임을 다시 확인받고자 했다.

그들은 노화 및 경제적인 어려움 등을 통한 개인 매력 상실을 두려워한다. 모든 사람이 노화와 가난을 싫어하지만, 이들은 관계의 측면에서 이러한 요소들이 인기 및 위치 하락으로 이어지므로 극도로 싫어한다. 하지만 제아무리 인기가 있다 한들 다 때가 있다. 20년 넘게 아이돌 가수로 활동할 수는 없다. 다른 인물 유형의 경우, 시간이 흐름에 따라 오히려 관계가 좀 더 안정적으로 변하기도 하고, 경제적인 하락이 관계의 건강성을 해치지 않는 경우도 더러 있다. 하지만 이들에게는 노화와 가난은 거의 '청산가리' 같은 극약이나 다름없다. 그래서 그들은 물질적인 자본과 신체적인 매력이 영원하기를 염원한다.

2

제발 우러러 봐줄래,
나의 세계를

나는 제임스를 호주 대사관에서 일하는 아무개 생일 파티에서 만났다. 그런 사람들이 있지 않은가? 파티 같은 곳에 가면 가장 돋보이는 사람들. 그들은 존재 자체로 주변에 많은 사람을 끌어모은다. 제임스도 그러했다. 많은 사람이 그의 주변에 서성인다. 뛰어난 외모, 빼어난 패션 감각으로 사람들의 관심을 끈다.

그런데 막상 제임스가 입을 열기만 하면 너무도 가벼운 사람으로 돌변한다. 입을 열면 확 깨는 인상을 준다. 그는 외모만 믿고 으스대며 이런저런 이야기를 나열한다. 가만히 듣고 있으면 딱히 새로운 정보도 없고 재미도 없다. 그런데도 사람들은 그의 말에 환호한다. 우리는 얼마나 시각적인 단서에 약한 사람들인가? 놀랄 만큼 매력적이나 어김없이 확 깨는 제임스의 이야기를 들어본다.

내 가방엔 뭐가
들어 있는지 궁금해?

그는 맨날 전략 컨설팅에 다닌다고 자신을 소개한다. 그냥 컨설팅이 아니다. '전략' 컨설팅이다. 이것이 진골과 6두품을 나누는 명확한 경계이기 때문에, 자신은 '진골'이라고 수차례 대놓고 말해줘야 직성이 풀린다. 그의 이름 제임스, 27세다. 호주인 아버지와 한국인 어머니 사이에서 태어났다. 얼핏 보면 한국인 같지만, 외모는 영락없는 호주인이다. 대학 졸업 후 잠깐 한국 전략 컨설팅 오피스에서 일하고 있는데, 호주인 정체성을 어필하는 게 한국에서 잘 먹힌다는 것을 너무나 잘 알고 있다. 그는 서양인 같은 외모와 절반의 한국적 뿌리가 커다란 자산이 되리라는 것을 안다. 그는 굳게 믿는다. 진정한 기대주는 나야 나!!!

그는 인스타에 운동하는 사진, 야근하는 사진, 친구들과 사이좋게 식사하는 사진, 커피를 마시는 사진과 영상을 줄기차게 올린다. 물론 대화는 영어로 한다. 영어라면 껌뻑 죽는 한국인의 인식을 적극적으로 활용한다. 맨날 브이로그를 주야장천 올리는데, 남들이 보기엔 같은 내용 같다.

전략 컨설팅 다닌다고 하지만 일에 관한 내용을 올리지는 않는다. 그건 회사 규정에 어긋나기도 하지만, 사실 그가 그렇게 경력이 길지도 않고, 그렇다고 대단한 일을 하지도 않는다. 그래도 "pretty demanding career"라고 수백 번 강조한다. 뭐가 그렇게 디맨딩하는지는 밝히지 않는다. 잘 모르는 불특정 다수를 상대로 기를 확 죽이는 것이 포인트. 그걸 보고 있는 한 순진한 팔로워가 한국어로 묻는다. "전략 컨설팅이 그렇게 대단한 거야?" 그는 이러한 댓글을 접하면 뿌듯해진다. 그에게 다시 한번 전략 컨설팅이 얼마나 대단한지를 설명할 기회가 되기 때문이다. 전 세계 모든 사람에게 내가 전략 컨설팅에 다닌다는 것을 알려야 한다.

그래도 듣기 좋은 노래도 삼세번이라고 맨날 전략 컨설팅만 우려먹을 수는 없으니, 소재의 다변화를 추구하고 있다. 요즘은 섹시 콘셉트로 방향을 틀었다. 큰 키, 좋은 몸은 불특정 다수의 한국인 여성들에게 보내는 구애의 메시지다. 과거 전략 컨설팅이 8할이었다면, 이제는 거의 5대 5로 섹시 및 일상 브이로그로 균형을 추구한다.

이게 또 매력 어필의 기회가 된다. 자신이 비단 지적으로 뛰어날 뿐만 아니라 심지어는 육체적으로 좋은 조건을 가졌다는 것을 알릴 수 있다. 그는 혼종이라는 정체성을 한층 부각한다. 많은 경우, 섹시냐 스마트냐 양자택일의 갈림길에 서지만, 그는 감격스럽게도 둘 다에 해당한다. 그는 그렇게 불특정 다수에게 관심과 인기를 얻는다.

그는 자신이 얼마나 잘난 사람인지 알리지 않으면, 입 안에 가시가 돋는 듯한 느낌을 받는다. 맨날 같은 브이로그, 맨날 프리티 디맨딩하다가, 운동하면 필링 리프레쉬드하면서 카메라를 바라보며 윙크를 날린다. 그는 사실 소재 고갈을 경험 중이다. 딱히 깊이 있는 수준으로 말할 게 없다.

행여나 업로드가 늦어지면, 사람들의 관심이 떠나갈까 봐 조바심에 휩싸인다. 그런 그가 최근 준비하고 있는 콘텐츠는 what's in my bag?이다. 무슨 할리우드 스타들처럼 말이다. 벌써 자신도 할리우드 스타가 된 느낌이다. 정녕 콘텐츠 고갈을 해소할 단비가 될 수 있을 것인가? 기대하시라.

이제 위대한 개츠비는 한 명의 데이지가 아닌, 불특정 다수의 데이지를 찾는다. 많으면 많을수록 좋단다. 다다익선이다. 그들은 소설 속 개츠비처럼 높은 이상이나 환상을 품고 살지는 않는다. 그들은 더 현실적이다. 만인의 연인이 되고 싶다. 지금의 인기를 얼마나 오래 유지할 수 있을지에 집중한다. 물론 이를 위해 수단과 방법을 가리지 않는 것은 소설 속 개츠비와 유사하다. 그렇게 지금의 개츠비들은 사람들로부터 관심을 받기 위해 많은 고민을 한다.

아이디어가 중요한 시대다. 맨날 파티를 열 수는 없지 않은가? 여기서 관계는 주로 불특정 관중이나 다름없다. 나를 얼마나 지켜보고 있는지, 내가 얼마나 멋진 삶을 살고 있는지를 알리고 싶단다. 그들은 물질적인 성공이나 신체적인 매력이 큰 인기를 얻는 주제라는 것을 알기에 그러한 부분에 더욱 집중하기도 한다. 특히 지금을 사는 개츠비는 온라인 공간을 주도면밀하게 활용하여 불특정 다수의 데이지에게 다가간다.

너희가

칵테일 사랑을 믿느냐?

모 브랜드가 주최하는 쿠킹 클래스 자리에서 김아현을 만났다. 어마어마한 금액을 써야만 초대받는 자리에서 만난 그녀. 그녀는 돈이 많다. 많은 돈만큼 타인에 대한 경계심도 많다. 매사 심드렁하다. 시시하고 재미없다는 말을 되풀이한다. 그런데 어느 정도 친해지면, 자신이 가진 경험을 열심히 공유하려고 한다. 그녀는 자신이 지향하는 '미학적 방향성'이 뚜렷하다. 그런 그녀가 최근 심기가 불편하단다. 무엇이 그녀를 불편하게 하는가? 그녀의 미학적 방향성을 거스르는 못된 사람들은 누구일까? 그녀의 이야기를 경청해 본다.

그녀에게 가난은 판타지다. 가난을 실제로 경험해 본 적이 없다. 가난은 영화나 드라마, 소설에나 나오는 다른 사람들의 현실이다. 26세 김아현은 태어나서 한 번도 돈을 벌어본 적이 없다. 그녀에게 돈은 그냥 수도꼭지를 돌리면 나오는 물과 같다. 그녀에게 가난은 사전 속에 있는 단어다. 개념적으로 존재하지만, 현실적으로 느끼지 못한다. 과거 패리스 힐튼이 월마트를 가리켜, 벽wall을 파는 마트인 줄 알았다는 것과 유사하다. 동서양을 막론하고, 자신이 경험하는 현실 너머를 이해하는 사람은 잘 없다.

그녀는 모 여대 국문학과에 진학했다. 많은 고등학생이 그러하듯, 그녀도 그저 점수 맞춰서 대학에 갔다. 그래도 국문과 수업을 듣고 나니, 그녀도 자신에게 어떤 문학소녀와 같은 심성이 있음을 느꼈다. 뭐랄까, 삶에 남아있는 어떤 아름다움과 아이러니, 아침이슬과 같은 청량함이랄까? 절대 무겁지 않으며 핍진하지 않으나 그래도 우리 삶에 담긴 친절한 그런 감수성이랄까? 그런 그녀가 좋아하는 오래된 한국 가요는 〈칵테일 사랑〉이다. 그녀는 "프리지아 꽃향기를 내게 안겨줄 그런 연인"을 기다리는 마음으로 수업도 듣고 글도 써가고 그랬다.

그런데 괴팍한 국문학과 교수들은 대뜸 그녀의 글을 가리켜, "너무 피상적이고 가볍고, 예쁜 척하려는 글"이라며 살벌한 비평을 마구 퍼부었다. 살면서 누구도 그녀에게 그렇게 못된 말을 대놓고 한 적이 없었다. 처음엔 그들의 비평에 충격을 받았다. 하지만 꿋꿋이 그녀는 자신의 감성과 밀도를 유지한 미학적 관점을 견지한 글을 썼다.

낮은 학점도 상관없다, 내가 등록금 내고 학교 다니는데. 그녀의 이러한 곧은 심지에는 나름대로 이유가 있다. 그녀는 괴팍한 국문학과 교수들이 삶의 아름다움과 감수성을 발견하기엔 너무 늙고, 가난하고 추하다고 판단했다. 이를 좀 더 순화해서 이야기하면, 사람마다 각자의 고유한 미학적 관점이 있고, 그 관점은 그 사람의 현실 반영이다. 그들은 죽었다 깨어나도 그녀의 현실을 이해할 수 없을 것이다. 그녀가 내린 결론이다.

졸업 후, 그녀는 취업하지 않았다. 굳이 왜 취업을 해야 하는가? 그렇다고 대학원에 가려니 단체로 꼬여있는 교수들이 피상적인 글이니 뭐니 하면서 대차게 깔 것이 너무 확실해서 집에서 놀기로 했다. 그러다가 인생이 심심하면 그녀는 인스타와 유튜브를 한다. 나의 일상, 브이로그, 그녀의 감성이 충만한 그런 아름다운 영상과 이미지로 세상에 나만의 아름다움을 더하겠다고 다짐했다. 주로 명품 매장 구매 후기, 파인 다이닝 방문기, 오마카세 리뷰, 파리 패션 위크, 퍼스트 클래스 리뷰, 백화점 VVIP 라운지에서의 티타임 이런 내용들이다. 굳이 자랑하고 싶어서가 아니라 그것이 그녀의 현실인데 어쩌랴.

먼저 댓글로 반응이 온다. "너무 멋있어요", "정말 영 앤 리치이시군요", "다음엔 저를 초대해주실래요?"와 같은 반응이 많다. 그녀는 만족스럽다. 이러한 열렬한 반응이 즐겁다. 친구라고 사귀면 갑자기 밥 사달라, 술 사달라, 커피 사달라 등의 요구를 남발하는 거지로 돌변하곤 했다. 게다가 다른 꿍꿍이가 많은 음흉한 사람들이 많았다.

자연스레 그녀 주변에 친구가 없고, 사람들을 피해 다녔다. 인간에 대한 신뢰도가 낮았다. 그런데 이런 온라인 관계에서 만나는 사람들의 반응은 그녀의 빈 곳을 채우기 충분하고 더 깔끔하다. 조건 없는 응원과 지지 거기서 어떤 그간 느껴보지 못한 따뜻한 감정을 느꼈다. 유명인이 된 느낌도 들었다.

그런데 최근 그녀의 이러한 미학적 여정과 관찰기에 대해서 악의적인 댓글을 남기는 인간들을 발견했다. 이를테면 "부모 잘 만나서 돈이나 펑펑 쓰고 다니는 한심한 인생", "명품만 입어서 되레 촌스러워요", "국세청은 뭐 하고 있나, 이 여자 당장 세무조사해라!"와 같은 악담들. 그녀는 처음에 단순 '열폭'이라고 무시하려고 했으나, 상습적이고 끈질긴 악행을 두고 볼 수만은 없었다.

댁들이 가난한 것을 왜 나한테 화풀이하나? 기분이 확 나빠졌다. 가만히 당하고만 있지 않으리. 4년간 교수들한테 당한 것만으로도 족하다. 이제 그녀는 그들의 댓글을 다 캡처해서 김앤장 변호사를 찾아갈 예정이다. 나의 미학적 관점에 재 뿌리는 못난 인간들을 시원하게 응징하겠다는 전의를 불태운다.

○ ○ ○

그들은 인기를 원한다. 그 인기가 특정한 누군가의 사랑이나 관심이 아닌, 자신의 존재에 대한 다수의 인정이길 바라는 경향이 있다. 그들의 이러한 욕구는 그들의 관계관을 형성한다. 그들은 주목받고 싶은데 생각보다 경쟁자가 많으며, 자신을 견제하는 사람들이 많다고 느낀다.

때때로 경쟁이 과열된 양상을 띠기도 한다. 내가 '센터'여야 하는데 엉뚱한 사람에게 관심이 쏠리고 있으면 화를 내기도 한다. 이처럼 자신의 존재가 그에 합당한 대접을 받지 못했다고 생각하는 경우, 공격적으로 변한다. 그들이 생각하는 관계 역시, 자신의 존재를 인정해주고, 조건 없는 찬양과 좋은 말만 쏟아내는 그런 사람들로 가득 차 있다.

쓴소리하거나 듣기 싫은 소리를 하는 사람은 단칼에 아웃이다. 그 사람들은 내 곁에 있을 수 있는 자격이 없다고 생각한다. 하지만 그렇게 많은 시간과 돈을 들여서 자신의 존재를 투영하는 자리가 갑자기 의미 없다고 느낄 때도 있단다. 그렇게 많은 시간과 정성을 들여서 만든 결과물이 부질없다고 느끼는 순간이 찾아오기도 한다.

이는 많은 부분 물질적인 측면에 과도하게 심취되어 있으나, 정작 자기 삶의 목적이나 방향성에 대한 고민은 덜했기 때문일 것이다. 한동안은 많은 돈을 사람들에게 과시하는 게 즐거웠는데 갑자기 그 무엇을 위해서 그렇게 행동하는지 부질없이 느껴질 때가 있단다. '현타'가 온다. 어쩌면 맹목적인 인기와 관심의 내부는 텅 비어있는지도 모른다.

3

거침없는 F워드로 완성되는
고졸 성공신화

대학원에서 배운 내용이다. 사람들을 인터뷰할 때, 절대로 상대방이 하는 말을 곧이곧대로 믿지는 말라고. 그들은 얼마든지 거짓말을 할 수도 있고 상황과 필요에 따라서 과장도 할 수 있다. 이민혁의 경우가 그러했다. 절대로 있는 그대로 믿으면 아니 되는 인터뷰이였다. 이야기를 하다 보면 과거에 했던 얘기랑 달라졌다. 이야기 전반의 사실관계를 물으면, 그는 순간 정색하며 비협조적인 자세로 바뀌었다.

그러니 원활한 인터뷰 진행을 위해서 그의 거짓말을 그

냥 '기분 좋게' 듣고 있는 시늉도 필요했다. 그를 마주하면서 여러 생각이 들었다. 그는 왜 이렇게 과장과 거짓을 일삼는가? 무엇이 그를 이렇게 만들었을까? 그 과장과 거짓은 백여 년 전 개츠비와 얼마나 비슷한가?

나도
위대한 개츠비 할래

33세 사업가 이민혁은 성공한 고졸이다. 주변에는 뭔가 대단하고 심오한 사업을 하는 것처럼 말한다. 파이낸스도 하고 제조업도 하고 B2B도 한단다. 사실 그는 부모로부터 물려받은 작은 사업체를 운영 중이다. 그는 과거 큰 사회적 문제에 휩싸인 르메르디앙 호텔 나이트클럽의 죽돌이였다. 그곳은 그에게 놀이터이자 제2의 집이었다. 그의 놀이터는 문제가 불거지자, 공중폭파되었다. 그곳을 드나들던 사람들은 갑자기 고구려 유민이 되어 뿔뿔이 흩어졌다. 그도 다른 곳을 물색해야 했다.

그는 이태원의 어느 바에 자리를 잡았다. 이제 그곳에 출석 체크를 한다. 거기서 그는 내가 얼마나 잘나가는지, 소위 만수르 행세를 한다. 그렇다고 그의 집안이 어마어마한 부호는 아니다. 여기서 통장 계좌 인증을 하지 않을 테니 마음 편하게 '뻥'을 친다. 그는 자신이 미국 국적도 있고, 영국 영주권도 있고, 가끔 전용기도 빌려서 여행도 다닌다고 자랑한다. 성수동에 재즈바 하나 열고 싶다고 말한다. 사실 다 거짓말이다.

소설 《위대한 개츠비》의 개츠비도 병적인 '뻥쟁이' 아니었나. 신기한 점은 일반적인 사람들은 듣고 지나친다. 바에서 집요하게 팩트 체크하고 사업자등록번호 찾아보고, 계좌 인증하라며 보채는 사람은 없다. 그런 집요한 사람이 있다면 그도 미친 사람 아닐까.

그만의 독특한 대화 방식이 있다. 그는 먼저 한국어와 영어를 섞어 쓴다. 영어를 그렇게 잘하지는 않는다. 문법과 어휘가 약하다. 그런데 처음 만난 외국인과 이야기할 때, F-워드를 남발한다. 아마도 그렇게 말하면, 상대방이 자신을 강하고 주관이 뚜렷한 사람처럼 느낄 것 같아서 더욱 그 부분을 강조한다. 아니나 다를까, 그는 F로 시작하는 단어를 과거 르메르디앙 나이트에서 많이 들었다.

가끔 그의 발언에 대단하다는 듯이 반응하는 사람도 있다. 금세 기분이 좋아진다. 그리고 대뜸 "내가 여기 술 살게"라면서 모르는 사람에게 술을 산다. 이제 공짜 술은 듣기 좋은 반응을 끌어내기 위한 조작적 조건화이다. 유튜브의 슈퍼챗과 비슷하다. 슈퍼챗을 쏘면, 그네들이 이름 한번 불러주지 않는가? 그런데 최근 급격히 사업이 어려워져서 이태원 바에 예전만큼 못 간다. 맨날 비싼 위스키와 코냑을 마셨는데, 이제는 생맥주나 마신다. 그는 요즘 풀이 완전히 죽어버렸다. 멀뚱멀뚱 구석에 앉아서 주변 눈치를 살피다가 자리에서 일어난다.

○○○○

이들은 돈으로 인기를 산 사람들이다. 그래서 돈이 사라지면, 인기도 사라진다. 돈은 이러한 인기와 관심을 얻기 위한 물적 조건이다. 이것이 없어지면 그들의 두 눈은 캄캄해진다. 갑자기 일반인들이 느끼는 "뭐 먹고 살아야 하나?"와 같은 현실감을 느낀단다. 돈이 주는 집객 효과가 있다. 밥이나 술을 사는 사람에게 우리가 으레 표하는 감사함과 선망이 있다. 인간적인 고마움도 있지만, 그들이 더욱 원하는 것은 부유한 자신의 모습에 대한 인정이다. 그런데 어느 순간부터 이러한 인정을 받지 못하면, 그들의 삶은 미친듯이 흔들리기 시작한다.

30대 초반의 청년 사업가 이민혁은 불운한 개츠비의 전형적인 사례다. 돈이 사라지면 인기도 사라진다. 그들은 여태껏 관계의 진정성에 대해서 단 한 번도 고민해 본 적이 없다. 그런 것은 좀스러운 것이고, 자신의 삶과 상관없다고 느꼈다. 그런데 그렇게 한꺼번에 날아가는 인간관계를 보고, 이제 그들은 삶에 있어서 진정성이 무엇인지 처음으로 자각하기 시작한다. 그동안 많은 사람에게 제공한 비싼 술과 근사한 식사, 즐거운 파티와 같은 쾌락을 다시는 줄 수 없다. 그렇다면 이제 그들은 무엇을 사람들에게 제공하면서 이전과 같은 수준의 인기와 인정을 그들로부터 얻을 수 있을까? 그들은 현실적으로 할 수 있는 것이 거의 없다.

가난한 개츠비는 '위대한' 개츠비가 아니다. 돈은 가장 중요한 요소다. 그들에게 재력은 필수 조건이다. 그 재력이 없으면 어떻게 사람을 움직일 수 있으랴. 그동안 한없이 상냥했던 주변 사람들이 갑자기 험상궂게 전면 파업에 돌입한다. 그런데 이게 반드시 개츠비만의 이야기일까? 정도의 차이는 있으나, 일반적인 사람도 인간관계에서 돈의 중요성을 경험한다. 돈이 많으면 인간관계는 어떻게 달라지는가? 돈이 많으면 무조건 좋은 관계를 유지할 수 있는가? 친구들에게 밥과 술을 사는 것으로 그들은 영웅이 될 수 있는가?

공짜 술과 밥은
관계를 위한 슈퍼챗

인간관계에서 돈은 얼마나 큰 영향력을 발휘하는가? 이를 여실히 보여주는 인물을 소개한다. 26세 대학생 K. 한남동 더힐에 혼자 산다. 후배의 친구인데, 대학생임에도 씀씀이가 커서 놀랐다. 대기업 다니는 직장인도 고민하고 고민해서 하나 겨우 장만하는 고가품을 그냥 마음껏 호쾌하게 즉흥적으로 연속적으로 구매했다. 그는 그렇게 달콤한 인생을 영위한다. 그런 그에게 관계란 무슨 의미일까? 관계는 그저 달콤한 인생에 곁들이는 '사이드 디쉬' 같은 건가? 관

계도 돈을 주고 사는 대상으로 생각할까? 부유한 대학생 K
의 이야기를 들어본다.

나는
프라이빗한 거 좋아해요

"안쪽에 프라이빗한 곳으로 해주세요." 26세 대학생 K가 종종 하는 말
이다. 그는 '프라이빗'한 곳을 좋아한다. 한적하고 사람 없는 곳이 럭셔
리에 가깝다는 것이 그의 지론이다. 그런데 정작 본인은 그러한 장소
에서 조용히 지내기보다 대놓고 흥청망청 왁자지껄하게 보낸다. 즉 그
는 프라이빗한 공간에서 시끄럽게 자신의 존재감을 각인시켜 주고 싶
다. 그는 경제 활동을 하지 않는다. 하지만 여기저기 건물을 다수 보유
한 아버지 덕분에 그의 삶은 '장밋빛 인생'이다. 그 자체로 완결된 라이
프 스타일이다.

그는 그렇게 주체할 수 없는 많은 돈과 시간을 함께할 수 있는 사
람을 모은다. 그는 친구들을 불러, 대한민국 최고의 럭셔리 공간에 자
신의 발자취를 남긴다. 주로 자신의 생일이나 축하할 일이 있으면, 친
구들을 불러서 확실히 대접한다. 모든 비용은 그가 계산한다. 친구들은

그의 넉넉한 배포에 환호한다. 그는 칵테일을 좋아하는데, 그의 경험에 따르면, 서울에서 칵테일을 제일 잘 만드는 곳은 포시즌스의 찰스 H다.

친구들은 공짜 칵테일과 샴페인, 위스키에 환장한다. 그것이 돈의 힘이 아닐까? 조용한 공간의 적막함을 깨는 그들 무리도 잠시간 그렇게 모두 장밋빛 인생이 된다. 당연히 그의 주변에는 친구들로 가득하다. 그는 친구에 대해서 딱히 깊게 생각해 본 적이 없다. 그냥 좋은 시간을 함께 보내는 사람 정도로 생각한다.

그에 따르면, 외모가 매력적이지 않거나, 불행한 사람들이 의미 부여 같은 것을 잘한다. 누가 그랬다. 의미는 매력적이지 않은 사람의 결과물이라고. 살아생전 사르트르의 얼굴을 보라. 그건 침울한 그네들에게 맡기고, 그는 자신의 장밋빛 인생의 일부를 잠시간 공유해주련다. 일종의 이웃 돕기랄까? 나름 자선 사업의 일환이다. 그의 관대한 행보에 친구들은 연일 앙코르를 요청한다. 오늘 저녁도 그가 엄선한 친구를 대동한 채, '프라이빗'한 곳으로 향한다.

제발 인스타에

'감격 포스팅'은 올리지는 마

많은 유학생이 직면하는 어려움이 있다. 바로 학교를 졸업하면, 귀국해야 한다는 그런 슬픈 '유효 기간'을 맞이한다는 것이다. 간혹 미국에 취업해서 머무르는 예도 있으나, 쉽지 않다. 자그마치 아이비리그의 한 대학을 졸업했으나, 어쩔 수 없이 돌아와야 했다는 L. 그녀는 요즘 의기소침하다. 학창시절 외국에서 공부해서 외국인 친구들은 많지만, 한국인 친구는 거의 없다. 그녀가 귀국해서 이방인들에게 '밥 퍼주는 대모'가 된 사연을 들어본다.

"저는 한국에 친구가 없잖아요." 코넬대를 졸업했으나, 현재 한국에 돌아온 23세, L이 자주 하는 말이다. 무려 아이비리그를 졸업했으나, 그녀는 미국에서 취업하기란 쉽지 않았다고 했다. 중학교 2학년부터 대학교까지 인생의 절반 가까운 시간을 미국에서 보냈지만, 의도치 않게 쫓기듯 귀국했다. 그곳에서 돈을 쓰는 유학과 그곳에서 돈을 버는 취업은 전혀 다른 이야기였다.

그녀의 말처럼 그녀의 친구들은 거의 미국에 있다. 한국에 돌아온 이상, 이제 한국 사람들과 어울려야 하는데, 쉽지 않다. 어쩌면 문화적 이질감과 경험의 차이 때문일지 모른다. 그래서 더욱 도망치듯 귀국한 한국에서 한국인 친구를 만들고 싶지 않을 수도 있다. 그런 그녀가 주로 어울리는 사람은 한국에 머무는 외국인들이다. 그들에게 대모 같은 역할을 한다. 엄청 비싼 밥은 아니지만, 거의 그가 계산한다. 외국인들은 얼씨구나 좋다고 날름날름 잘도 받아먹는다.

그런데 아니나 다를까, 이렇게 잘 얻어먹은 외국인들은 하나같이 인천공항을 통해 본국으로 떠나간다. 조금 연락이 뜸해져서 인스타를 들여다보면, 본국으로 돌아와서 행복하다는 '감격 포스팅'을 올린 걸 발견한다. 친구 관계가 일시적일 수밖에 없다. 어쩌면 예정된 결말일 수도 있다. 그녀가 미국에서 한국으로 들어온 것처럼, 그들도 한국에서 그들의 본국으로 돌아간 것일뿐.

언젠가부터 그녀는 밥을 사주기 전에, "너는 본국으로 언제 돌아가니?"를 꼭 물어본다. 외국인들에게 공짜 식사와 술을 사는 친절한 한국인 역할도 한두 번이다. '적선하는 대모' 역할을 하기에는 자신은 너무 젊다. 최근 그녀는 모든 관계가 일시적이고 한정적일지 모른다고 생각했다. 생각이 여기까지 미치자, 그녀는 외국인 친구들과 밥을 먹다가 화장실 간다고 하고, 그냥 집으로 돌아와 버렸다. 계산은 그들이 알아서 했을 것이다.

○ ○ ○ ○

26세 대학생 K와 23세 L의 이야기는 돈의 위력과 한계를 시사한다. 돈으로 단기간 사람들의 관심과 주목을 받을 수 있으나, 관계의 진정성이나 깊은 의미는 찾을 수 없다. 공짜 술과 식사는 사람들의 주의를 환기하지만, 그들은 어쩌면 돈 내는 사람을 ATM 내지는 당연히 자신들에게 사줘야 하는 사람으로 볼지도 모른다.

물론 많은 개츠비는 인간관계에 큰 의미를 부여하지는 않는다. 그들은 어려운 의미보다는 즉각적인 관심이나 쾌락에 관심이 많다. 그러니 그들이 계속 계산할 수 있는 여력이 있으면, 그들의 관계는 유지된다. 하지만 갑자기 재정 상황이 안 좋아지면 자연스레 유실되는 인간관계에 크게 절망도 한다.

5

빼앗긴 영광은 달콤한 과거만큼 쓰다

모든 개츠비가 돈으로 승부를 거는 것은 아니다. 그중에는 지식과 정보로 무장한 사람도 있다. 사람들이 자신의 지적인 매력과 영향력에 주목해주기를 바란다. 자그마치 학구파를 자처한다. 그들은 강조한다. "나는 일반적인 개츠비와는 달라!" '깊이 있는 개츠비'라고 주장한다. 강조하는 포인트는 다르지만, 대중들은 자신의 지적인 매력에 빠질 것이라고 확신한다.

학구파 개츠비 이야기를 소개한다. 그녀는 독일에서 박

사 학위를 받으려 했으나 실패하고 귀국하여, 주부로 평범한 일상을 보내고 있다. 하지만 여전히 그녀는 자신이 독문학자이자 수필가 전혜린보다 더 낫다고 믿는다. 그만큼 에고가 강하다. 자신의 말과 글에 조건 없는 찬사와 환대를 열렬히 기대한다.

이 시대 전혜린을 자처하는 그녀는 페북과 유튜브에 빠져있다. 자신의 존재를 알리는 주요한 창구이기 때문이다. 그 창구를 통해서, 그녀는 사람들의 관심과 주목을 원한다. 밀수업 종사자 개츠비가 연일 호화 파티로 사람들을 끌어모았다면, 학구파 개츠비인 그녀는 사람들이 자신의 지적 매력에 집중해주기를 바란다. 18세기 프랑스 살롱 문화를 주도한 안주인처럼 대접받기를 바란다. 그들은 덧붙인다. 나의 얼굴이 아니라, 생각과 영혼에 집중해 달라고. 껍질이 아니라 본질에 집중해 달라고.

내가 바로

이 시대 전혜린이다

그녀는 독일에서 박사 과정을 밟다가 도망치듯 다시 한국으로 돌아왔다. 학위를 얻지 못하고 돌아왔다. 스스로 실패했다는 말을 받아들이기 힘들었지만, 어쩌랴. 그녀는 대신 평범한 직장인 남성과 결혼해서 위례 신도시 근처에서 주부로 살고 있다. 위례에 가본 적이 있는가? 아침에 회사원들이 돈 벌러 출근하면, 거의 전원도시가 되는 베드타운이다.

이렇게 한적한 위성 도시에서 그녀는 별의별 생각이 다 든다. 오만 가지 상념이 드는데 결말은 언제나 같다. 내가 그때 박사 학위를 받고 한국으로 돌아왔으면 버젓한 교수가 되어서, 이렇게 한적하고 적막한 도시에서 오후를 보내고 있지는 않았을 텐데. 그렇게 심란하고 또 심심해서 평일 대낮에 TV를 켜서, 어디 종합편성 채널을 시청한다. 그런데 꼭 그런 채널에는 미국에서 박사 학위 받고 돌아와서 세상에서 제일 지적인 척하는 교수 출신 진행자가 나오곤 한다. 평일 대낮부터 정치판에 대해서 미주알고주알 말하는 사람들이 있는데, 그게 그들의 직업이다.

그녀는 그게 너무너무 부럽고 한편으로는 열패감을 느낀다. 기분이 확 나빠져서 TV를 꺼버린다. 자신도 과거 그렇게 인생이 잘 풀릴 것만 같았다. 막강한 지적 아우라의 소유자였는데 말이다. 이제 뮌헨이니, 슈바빙이니, 죄다 허공의 먼지가 되었다. 그저 경기도 위례 신도시에서 오첩반상 좋아하는 남편 식사를 차려줘야 한다.

그러다가 얼마 전에 유력한 대권 후보를 만났다. 그가 그녀의 집 주변 어느 식당에서 식사하는 것을 보았다. 냉큼 다가가 나도 관악구 S대 나왔다며, 그 대권 후보와 함께 사진을 찍었다. 주부지만, 독일까지 가서 박사 학위를 준비할 만큼 지적인 여자다운 멘트도 몇 마디 날려줬다. 집에 오는 길에, 자랑스럽게 그녀의 페북에 대문짝만하게 사진도 올렸다. 유력 대권 후보와 지적인 멘트를 주고받는 정치적 파트너가 된 기분이랄까? 게다가 유력 일간지에서 그녀의 사진을 퍼가기까지 했다.

그녀는 순식간에 아마추어계의 정치평론가 내지는 준-유명인 수준으로 신분이 상승했다. 그 대권 후보이자 유력 정치인은 승승장구했다. 그녀는 내심 기대했다. 왜 아직 연락이 없는 거지? 내 번호를 저장하지 않았나? 뭔가 콩고물이 떨어지지 않을까 기대했으나, 그건 헛된 망상이었다. 그 교수 출신 종편 진행자는 비례대표로 여의도에 입성했는데, 그녀는 여전히 위례에서 오첩반상을 차려야 한다. 다시금 열패감에 치가 떨렸다. 심지어 그 여자 국회의원은 그녀보다 커트라인이 낮은 학과 출신인데 말이다.

대학을 졸업한 지 꽤 긴 시간이 지났지만, 그녀는 S대 커트라인 높

은 사회과학대학 전공이라는 '눈에 보이지 않는' 훈장을 달고 산다. 그
게 그녀의 정체성이다. 그녀는 행복은 커트라인 순이라고 믿는다. 그녀
의 정체성은 학벌, 커트라인, 사회과학, 신림동, 녹두거리 같은 말들로
구성되어 있다. 이러한 긍지를 엔진 삼아 SNS에 정치인 뒷이야기 및
전망을 쓴다. 정국의 방향과 여론의 향방을 시원시원하게 써 내려간다.
일필휘지, 원 테이크로 쓴다.

어렵게 쓰면 못 알아먹으니 쉽고 간명하게 쓰는 것이 포인트. 지금
은 주부이지만 SNS에 신나게 정치 글을 올리면서 자아실현을 경험한
다. 누가 말했나, 학위는 종이 쪼가리에 불과 하다고. 신기하지만 팬덤
도 생겼다. 팬들이 열렬하게 반응한다. 그렇다, 어쩌면 우리는 페북이
라는 '인생 대학원'에서 지식과 식견을 드러내며 관심과 인기를 얻는지
도 모른다.

그런데 사람 일은 모른다고 그 유력 정치인은 어마어마한 스캔들
로 하루아침에 몰락했다. 그녀는 속으로 엄청 쌤통이었다. 나를 몰라보
고, 주요 요직에 불러주지 않더니, 꼴 좋다! 그녀는 이제 SNS에 그는 결
코 다시 재기할 수 없다고 강조했다. 갑작스레 도파민이 마구 분비되는
듯하다.

여기서 멈출 수 없다. 몰락 정치인과 친했던 교수 출신 비례 국회의
원에게도 "책임져야 한다. 사퇴하라"며 연일 맹공을 퍼부었다. 그렇게

시원시원하게 기계식 키보드를 콱콱 누르면 스트레스도 한결 풀리는 느낌이다. 하지만 기쁨의 시간도 잠깐, 남편은 퇴근해서 '왜 밥 안 해 놓았냐, 청소는 한 거냐?'라는 잔소리와 함께 어김없이 오첩반상 타령을 한다. 그럴 때는 손에 든 주걱으로 남편의 귀싸대기를 신나게 두어 번 갈기고 싶은 마음이 일렁인다. 나, S대 나오고 독일 유학 다녀온 여자란 말이야.

○ ○ ○ ○

그들은 에고가 강하다. 그들은 자존심이 강한 사람들이다. 과거 내가 이렇게 잘나가고 똑똑하고, 사회적으로 명망 있는 존재였는데, 그만한 대접을 받지 못하면 격분하는 경향이 있다. 앞서 이야기한 것처럼, '센터 욕심'이 있는데 자신의 지위나 위치가 과거보다 퇴물 취급을 받는다고 하면, 매우 공격적으로 돌변한다. 특히 자신에게 결핍이 있거나 모자란 부분이 있다고 인식하면, 더욱 그 부분과 연계하여 현재 자신의 처지를 비관한다. 개츠비의 자격지심인 셈이다.

주변 사람들은 그러한 예민한 부분을 건드리지 않기 위해서 최선을 다하지만, 생판 모르는 사람들이 그 수준의 주의와 신경을 써줄 리 만무하다. 사람들의 이러한 시큰둥한 반응에 스스로 자연스레 자격지심 버튼을 자주 누르게 되고, 주변 사람들은 매우 피곤해하는 양상을 띤다. 행복한 개츠비는 주변으로부터 즐거움과 사랑을 받는다. 그런데 어떤 사건으로 자신의 처지를 비관하고 주변의 관심과 인정이 예전 같지 않다고 인식하면, 그는 이제 불행한 개츠비가 되어버린다.

위의 사례 속 인물 역시 유사한 경우다. 과거의 영광을 못 잊고, 과거와 같은 대우를 해달라고 요구하거나 기대하기도 한다. 그런데 이러한 까칠한 성격에 못 이긴 나머지 자연스레 이탈하는 친구들도 있다. 그만큼 관계는 급속히 멀어지면서 주변 사람들은 떠나간다. 급격히 쪼그라든 주변 반응에 그들은 갑작스레 불행하다고 느낀다.

그 많던 데이지들은
다 어디에 갔을까?

개츠비가 영원불멸의 아이콘은 아니다. 그들도 시간이 흐르면 빛을 잃고 사멸한다. 이어지는 내용은 몰락한 개츠비의 모습을 담았다. 늙고 돈도 없고, 매력도 사라졌다. 이제는 위대하지도 않으며 그렇다고 재미도 없다. 그냥 과거의 영광스러운 한 줌의 매력으로 오늘을 살고 있다. 그들도 이제는 자신이 매력적이지 않다는 사실을 알고 있으나, 현실을 애써 외면한다. 그들은 어떻게든 과거의 인기를 되찾을 생각에 골몰한다.

몰락한 개츠비를 만나러 신촌으로 향했다. 몰락한 개츠비, 이현성은 잠시 한국에 귀국해서, 여전히 학교 근처에서 '추억 놀이' 중이다. 그가 좋아하는 신촌의 크리스터 치킨집에서 만났다. 타는 목마름으로 시원한 생맥주를 단숨에 들이켜면, 예전의 화려한 그 시절로 돌아갈 수 있을까?

누구에게나 리즈 시절이 있다. 지금이야 별 볼 일 없는 30대 후반 아재이지만, 10여 년 전에는 Y대 연희관 외모 랭킹 1위였다. 그는 연희관의 '엑소 카이'였다. 그의 이름은 이현성. 당시 그를 따르는 무수한 여성 팬들이 있었다. 다들 하나같이 오빠와 커피 내지는 식사 최소한 버블티라도 같이 먹을 수 있겠냐고 졸랐다.

그렇다고 그가 난봉꾼은 아니었다. 만인의 연인이랄까? 나이스하지만 더티하지 않게 수위를 조절했다. 무엇보다 생활 반경과 영역이 협소한 학교에서 행여나 나쁜 소문이 퍼지면, 만인의 연인이라는 이미지에 확 균열이 간다. 그는 과거 연희관의 위대한 개츠비였다. 밀레니엄 개츠비라고 해 두자. 그의 주변엔 한 명의 데이지가 아니라 불특정 다수로 몰려오는 데이지들이 단체로 그를 반겼다. 하루에도 데이지가 8번 바뀠다. 그때만 해도 얼굴이 자본이고 젊음이 능력이었다.

하지만 이것도 다 옛날이야기. 학부를 졸업하고, 세월이 흘렀다. 그는 30대가 훌쩍 넘어서 지금은 그저 개털이다. 그는 현재 미국 켄터키주 어디 커뮤니티 칼리지 같은 곳에서 박사 학위 중이다. 신은 얄궂게도 그에게 화려한 외모는 주었으나 지능은 다소 모자라게 줬다. 하지만 그것을 받아들이기 싫어서 기어코, 어떻게든 미국에 가겠다고 난리를 치면서 몇 년을 보내다가 어디 켄터키주의 소도시에서 박사 학위 중이다. 그렇다, 유명한 '켄터키 프라이드 치킨'의 그 켄터키 맞다. 당연히 학습 여건은 떨어진다. 하버드를 졸업한 선배가 그에게, "너, 그 학교 졸업하면, 한국 와서도 교수로 일하는 건 거의 불가능하다"라고 엄포를 늘어놓은 적도 있다.

그는 이제 신분 하락을 경험한다. 무엇보다 방학 때, 한국에 돌아가면 켄터키에서 도대체 뭐 하는 거냐?는 식의 질문을 받는다. 한국 사람들은 단순해서, 하버드, MIT, 컬럼비아 내지는 버클리 정도 되어야 '와

우 이펙트'가 있다. 그런데 켄터키? 하면 바로 모르겠다는 얼굴이다. 거기서 무슨 치킨 튀기는 공부하냐고 몰상식하게 되묻기도 한다. 게다가 또래 친구들은 일찍 강남이나 판교 신축 아파트를 사서 지금은 떵떵거리면서 살고 있다. 그는 가진 게 없다. 과거 외모 자본으로 연희관의 개츠비로 버블티 마실 때가 행복했다. 이제는 어마어마한 신분 하락을 경험하고 있다.

그래도 이렇게 처질 수 없다고 생각해서, 인스타그램 스토리에 켄터키 강가에서 수영하는 사진과 영상을 올렸다. 혼자 찍고 혼자 올리는 고독한 콘텐츠 크리에이터다. 하지만 내심 기대를 품는다. 다시금 이곳 뭇 여성들의 관심을 얻을지도 모른다. 요즘 미국에서 한국 남자들의 인기가 치솟고 있다고 들었다. 그리고 얼마가 흘렀을까. 상당히 꽤 많은 DM이 왔다. 나름 침을 꼴깍 삼키면서 하나씩 하나씩 열어본다. 옛날의 인기를 되찾는 걸까? 벌써 기대감이 부풀어 오른다. 그런데 웬걸, 여자는 단 한 명도 없었다. 죄다 남자였다. 그는 커다란 절망감을 느낀다. 그 많던 데이지들은 다 어디에 갔을까? 이제 그의 주변에는 남정네 데이비드들만 가득하다.

육체적인 매력도 시간이 흐르면 사라진다. 사람에 따라 상대적인 차이는 있으나, 결국은 사라지고 없어진다. 위의 개츠비 역시 과거 자신의 외모와 젊음에 기반하여, 큰 인기를 누렸다. 하지만 그러한 인기의 유통기간은 짧은 법. 그는 이제 자신을 전혀 인정해주지 않는 이방인의 나라에서 외롭게 살아가고 있다. 높은 곳에서 떨어졌으니 낙폭도 더욱 크게 느낀다. 과거 외모와 젊음으로 사람들의 관심을 받은 사람은 더욱더 이러한 시간의 변화에 예민할 수밖에 없다. 언제든 젊은 피가 치고 들어올 수 있다. 젊음은 유한하고, 그 유한함이 주는 특혜는 더 짧다.

강물이 밀려 나가는 것처럼, 우리의 삶도 그렇다. 외모에 기반하여 사람들의 인기를 얻고, 그러한 인기를 기반으로 많은 인간관계를 맺는다. 한동안 그 관계에서 경제적 이익 및 사회적 입지를 얻는다. 하지만 주어진 시간은 짧고, 다른 매력 자본을 확보하지 못하면, 인기는 급감한다. 그리고 노화라는 거부할 수 없는 인간 삶의 냉정한 진실을 마주하며 더욱더 비통해한다. 그 많던 데이지가 다 사라졌다.

몰락한 개츠비들은 대뜸 흐느끼며 묻고 싶다. "Where are you, Daisy?"

몰락한 개츠비들은 대뜸 흐느끼며 묻고 싶다. "Where are you, Daisy?"

3장

골방의 파수꾼

골방의 파수꾼은 관계를 적극적으로 피한다. 어떤 이들은 방 안에 들어와 두꺼운 암막을 친 상태에서 시간을 보낸다. 암막은 두꺼우면 두꺼울수록 좋다. 빛이 새어 들어와서 지금이 몇 시인지 알려주는 그러한 상황이 불쾌하단다. 마치 원하지 않는 사람이 나에게 대뜸 다가와 말을 거는 것과 같다. 원치 않는 상황에서 특정한 임무를 수행해야 할 것만 같은 그런 불편함과 부담감을 느낀다. 그들은 이러한 상황을 극도로 싫어한다.

그들은 관계로부터 자유로워지고 싶다. 여기서 자유란, 그 어떤 관계를 맺지 않고 혼자서 살겠다는 의지다. 세상에는 너무 많은 소음과 간섭이 있다. 그들은 그런 불편한 것들을 싹 다 제거하고 싶다. 고요한 적막을 원한다. 그렇게 방 안에서 무념무상의 상태에 빠져서 유튜브와 넷플릭스를 시청한다. 물론 이들 모두가 극단적인 히키코모리 같은 존재는 아니다.

사람마다 상대적인 차이는 있다. 방 안에서 많은 시간을 보내지만, 외관상 멀쩡하게 회사 생활을 하는 사람도 있다. 하지만 겉으로 보기엔 멀쩡한 사회인처럼 보이지만 그들의 마음 깊숙한 곳에서는 사람과 관계를 피하고 싶어 하는 그런 본능이 있다. 그들은 원치 않은 약속이 잡혔을 때, 그리고 그 약속이 임박했을 때, 한없이 숨고 싶은 충동을 느낀단다. 이른바 '약속 포비아'다.

그들은 독립적인 사람들이다. 혼자서도 다 할 수 있다는 독립성과 수월성을 중요하게 여긴다. 흔히들 사람들이 묻는다. "늙어서 혼자 아프면 어떻게 할 거냐?" 그들은 답한다. "택시 불러서 병원에 가면 되지." 이들은 타인에게 의지하는 것을 극도로 싫어하며, 스스로 알아서 할 수 있다고 믿는다. 여태껏 그렇게 살아왔고, 앞으로도 그렇게 사는 데 큰 문제가 없으리라 생각한다. 대신 돈이 좀 든다. 그 돈은 관계의 부담

대신 아깝지 않게 낼 수 있는 비용이다.

그러니 자연스레 그러한 기능을 수행하는 관계는 불필요하다. 돈 주고 빌리면 되지, 그것을 왜 상시 들고 다니는가? 굳이 불필요한 무게를 어깨 위에 짊어지고 살 필요가 있는가? 그들이 제일 싫어하는 말이 바로 '빨리 가려면 혼자 가고, 멀리 가려면 함께 가라'와 같은 말이다. 어디로 갈지도 모르는데 누구랑 같이 가야 하나? 누구랑 가는 것 자체가 고역이고 고통이다. 내 인생도 어디로 갈지 모르는데 지옥 같은 타인과 엮여야 하나?

그들은 이처럼 관계적 단절을 추구하지만, 현대 문명으로부터의 단절을 시도하지는 않는다. 오히려 적극적으로 현대 문명의 편리를 누리고자 한다. 단절의 가장 좋은 환경이 바로 대도시라고 설명한다. 익명의 도시에서는, 누가 어디 사는지 모르니 숨어있기가 그렇게 좋을 수 없다는 게 핵심이다. 그들에게는 의식주와 공기와 다름없는 것이 있다. 바로 유튜브, 넷플릭스, 배달의 민족 그리고 편의점이다. 늦은 밤, 집 근처 편의점에서 현대 문명과 대도시의 편안함을 체감한다. 밤에 유독 빛나는 편의점의 조명을 보면서, 자신이 에드워드 호퍼 그림 속 주인공 같다고 느낄지 모른다.

그들은 절대 귀농 같은 만용을 부리지 않는다. 탈도시는 언감생심이자 어불성설이다. 하늘이 무너져도 서울과 경기권 내지는 대도시를 떠나지 않는다. 단절이 최대한 보장될 수 있는 터전이 바로 대도시의 넉넉한 반경이다. 삶의 질이나 물가 등은 만만치 않지만, 그 정도는 기회비용으로 여길 수 있다. 그들이 좁지만, 어두운 도시에 머물러야 하는 현실적인 이유다. 그들은 대도시에서 불특정 다수와 함께 살아가지만, 그들과의 대면을 피하고, 조용히 숨어 들어가 익명성을 즐긴다. 그들은 그렇게 현대 문명의 근방에서, 자신의 개인성을 보호하고자 분투한다.

1

골방의 파수꾼,
그들은 누구인가?

그들은 골방을 지키는 파수꾼이다. 그들은 자신의 작은 방의 고요함을 사랑한다. 이 안에서는 무엇이든 가능하고, 무엇이든 할 수 있다. 세상의 어느 공간보다 편안하며 안전하다고 느낀다. 그래서 그들은 이러한 마음의 평화를 지키기 위한 파수꾼임을 자처한다. 그들은 외부의 누군가가 그들의 삶에 들어오거나 간섭하려는 시도를 용납할 수 없다. 그런 행위는 골방의 평화를 깨는 짓이다.

J.D. 샐린저의 《호밀밭의 파수꾼》을 기억하는가? 현대

사회의 타락과 위선을 경멸한 소설 속 주인공인 홀든 콜필드는 우리에게 어떤 삶을 살아야 하는지 묻는다. 우리가 진정 보호해야 할 것은 무엇이고, 무엇으로부터 우리를 지켜야 하는가? 소설 속 주인공의 행동을 모두 이해할 수 없지만, '나와 내가 아닌 것의 긴장과 갈등을 어떻게 유지해야 하는가?'와 같은 질문은 여전히 유효하다.

그런데 이토록 어마어마한 명작을 쓴 샐린저는 철저한 은둔 생활로 유명하다. 초대박 베스트셀러를 출간했으면서도 세상을 등진 채, 세속적인 가치에 골몰하는 사회를 멀리했다. 자신의 소설과 자신의 삶을 거의 일치했다고 볼 수 있지 않을까? 그는 세상을 떠났지만, 지금을 사는 무수한 '골방의 파수꾼'들은 그의 정신세계를 닮았다. 골방을 지키는 파수꾼의 역할을 자처하며, 더럽고 혼탁하고 지긋지긋한 관계를 멀리하겠다고 선언한다.

그들이 인터뷰 중 공통으로 하는 말들이 있다. 그들은 하나같이 문밖의 세계에서 너무 많은 마음의 상처를 받았단다. 특히 인간관계에서 큰 상처를 입었다. 하나같이 원수 같고 비열한 존재들이다. 세상은 더럽고 치사한데, 이러한 세상에서 어떻게 살 수 있을까? 자신을 보호하는 방법은 세상을 멀리하는 것이다. 그들은 단단한 마음의 벽을 쌓았다. 그들은 골방에 갇혀서 외부로부터 오는 자극이나 간섭으로부터 자신을 보호한다. 골방의 파수꾼이 되는 것만이 자신과 자신의 세계를 지키는 유일한 방법이라고 믿는다.

그들에게는 외로움은 끝나지 않는 장마와 같다. 단 한 번도 인간관계에 있어서 맑고 쾌청한 날이 없었다고 말한다. 처음에는 언제나 홀로 움직이며 지내는 자신들의 처지가 괴롭다고 생각해서, 바꿔보려고 노력도 했었다. 하지만 이런 시도는 번번이 실패로 끝나고, 아예 자신이 그 방면에는 재능이 없다는 걸 받아들였다.

그리고 시간이 지나다 보니 외롭다는 것에 크게 문제의식을 느끼지 않게 되었다. 이제 그들에게 외로움은 공기와 같다. 내성이 생겨서 혼자 있는 게 아무렇지 않다고 한다. 오히려 사람들과 관계를 맺어야 하는 상황이 낯설고 어렵단다. 외롭지만 편안하고, 그래서 앞으로도 이러한 삶을 살아야 하는 것을 일종의 숙명을 받아들인다.

우리는

외딴 섬과 같은 존재들

그들은 가족과의 관계도 끊고 살고, 친구도 없다. 일상적으로 만나는 사람이 거의 없으며, 만나더라도 다 모르는 사람이다. 그들은 오히려 잘 모르는 사람과 대면하는 게 더 낫다고 생각한다. 매일 같은 편의점에서 물건을 살 때 대면하는 직원과의 눈인사가 강원도 언저리에 사는 원수 같은 부모와의 30초 전화 통화보다 100배는 낫다고 강조한다.

내가 갑자기 사라져도 날 찾을 사람이 없다는 사실이 서글프기도 하지만, 이미 사라졌는데 누가 찾는다 한들 무슨 상관인가?라며 현실적으로 자신을 위로한다. 그들에게 인생은 언제나 혼자였으며, 누구도 자신을 위해서 따뜻한 말을 한 적이 없다고 느낀다. 그러니 씩씩하게 하루하루를 살아가는 방법밖에 없다. 적어도 다른 사람들과 실없는 말을 섞으면서 인생을 보내기는 싫다고 주장한다.

이들은 대부분 가족이 싫어서 독립적인 가구로 살거나, 경제적인 여건 때문에 가족과 같이 살아도 분리된 형태로 산다. 이런 경우, 같은 집에 살지만, 이야기를 전혀 하지 않거나 동선을 피함으로써 대면을 피한다. 같은 집에 살지만, 부모 얼굴을 1년 가까이 본 적 없다고 말한 사람도 있었다. 어릴 적 가정 폭력을 심하게 당한 A는 자신을 때린 부모의 얼굴만 보면, 분노가 치밀고 복수하고 싶은 마음이 생긴다고 했다. 그러니 차라리 서로 보지 않는 게 속 편하다고 했다. 이처럼, 사회적 관계를 거부하는 많은 사람은 과거 가정 폭력과 같은 경험을 이유로 들었다. 시간은 지났으나 가정 폭력, 학교 폭력과 같은 경험이 성인이 된 삶에 여전히 영향을 미친다.

그들은 삶의 방식에 있어서 대단히 넓은 스펙트럼을 보인다. 정상적인 사회생활은 가능하지만, 사적인 시간에는 철저히 혼자이길 원하는 사람도 있다. 그에 비해, 일반적인 사회생활이 불가능할 정도로 고립된 삶을 사는 사람도 있다. 먼저 겉으로 큰 문제 없이 생활하는 사람들은 남들에게 욕들어 먹지 않는 선에서 최소한의 수준으로 어울린다. 남들이 보기엔 멀쩡하게 회사 다니면서 큰 탈 없이 살지만, 막상 퇴근하면 철저하게 고립을 추구하고 만남을 극도로 피한다. 본연의 모습으로 돌아가는 시간이다.

한편으로는 아예 사회적인 삶을 거부하고 자신의 영역

에서, 매우 좁은 틀에 갇혀 살기도 한다. 이들은 정상적인 생활 내지는 밥벌이에 있어서 사회적 관계가 필요한 역할을 거부한다. 그들은 많은 미디어에서 다룬 내용처럼, 히키코모리와 같은 은둔형 외톨이의 삶을 산다. 이들은 사회적 관계가 제로에 가깝다. 만나는 사람이나 친구가 없으며, 가족과도 의절했다. 굳이 타인에게 말을 하지 않아도 되는 상황에서만 생활한다.

많은 경우, 이들은 사회적으로나 경제적으로 열악한 상황에 놓일 수밖에 없다. 그들은 최소한의 소비와 대면하지 않아도 되는 경제활동을 하거나, 그들의 상황을 불쌍하게 여기는 가족의 도움으로 삶을 유지한다. 이들의 경우, 어릴 적 가정 폭력이나 학교 폭력뿐만 아니라 사회, 직장생활에서 오는 고통스러운 사건을 경험한 후, 사람과 소통하지 않으려는 양상을 보인다. 세상과 사람, 그리고 관계에 대한 거부감을 품고 있으며, 사회적인 환경에서 자신을 끊임없이 이탈하려는 모습을 보인다.

그들은 '까마귀 노는 곳에 백로야 가지 마라'와 같은 사고방식을 가지고 있으며, 사회적인 환경이 자신들에게 매우 해롭다고 여긴다. "까마귀 노는 곳에 미치지 않고서야 백

로인 내가 직접 나갈 필요가 있겠냐?”며 항변한다. 백로가

노는 곳은 그럼 어디인가? 바로 자신의 집, 자신의 방이다.

2

온라인과
전기 없인 못 살아

그렇다면 그들은 자신의 집과 방에서 무엇을 하는가? 도라
도 닦는가? 시대의 변화를 선도할 어마어마한 기술을 수련
하고 있나? 대개 그들은 혼자서 논다. 이들은 다른 유형보다
도 온라인에서 보내는 시간이 많으며, 온라인의 삶이 즐겁
고 만족스럽단다. 그들은 관계를 통째로 포기한 대신 인터
넷 콘텐츠를 통해 남들의 삶을 관찰한다. 이때 두꺼운 암막
은 필수다. 외부 빛으로부터의 자유, 그것이 집에 틀어박힌
외톨이들이 제일 먼저 취해야 하는 가장 소중하고 중요한

자유라고 했다. 그렇게 컴컴한 곳에서 최소한의 조명만 틀어놓은 채, 자신이 찾고 싶은 것, 보고 싶은 것을 검색한다.

서울에 사는 30대 한 남성은 컴컴한 방에서 자신이 좋아하는 나무위키 내용을 보면서 키득거릴 때 가장 행복하다고 했다. 내가 찾으려는 검색어에 관련 나무위키 내용이 있으면 그렇게 신나고 행복할 수 없다며 눈을 동그랗게 떴다. 나무위키는 온라인에서 외로운 사람들이 정보를 섭취하는 가장 달콤한 접점이다. 게임도 하는 사람도 있다. 경기도에 사는 외톨이 생활 4년 차 20대 남성은 "게임을 할 때 온갖 근심 걱정을 다 잊는다"라고 말한다. 그리고 게임에서는 다른 사용자들에게 말을 많이 하는 편이라고 했다.

이처럼 오프라인의 관계 대신 온라인의 삶에 많은 부분 의지하고, 많은 시간을 소비한다. 그들은 온라인이 신의 축복이라고 하며, 온라인에서의 삶을 통해서 지금의 현실을 살아갈 힘과 용기를 얻는다고 강조한다. 그래서 정전이 가장 무섭다. 전기가 끊기면 자신의 삶도 끊길까 봐. 그들에게 정전은 사형 선고나 다름없기 때문이다. 전기는 인류의 보배다. 이처럼 온라인 영역에서 인생의 의미를 찾으며, 고통스러운 현재를 잊을 수 있는 즐거움을 추구한다. 그 즐거

움이 오래가지는 않지만, 그래도 온라인에서는 자유롭고
편하다고 했다.

술은 조용하고
날 배신하지 않는 유일한 친구

그들은 간섭이나 방해를 싫어한다. 그들은 살아오면서 철저하게 스스로 결정하고 움직인 사람들이다. 이러한 과정에서, 누군가의 간섭은 오히려 좋지 않은 결정으로 이어지는 부분이 많다고 믿는다. 살아오면서 누군가에게 좋은 조언이나 도움을 받아본 적이 없다고 느낀다. 그만큼 주변에 좋은 사람이 없기도 했다. 결과적으로, 그들은 남들 말을 듣지 않으며, 남들 말은 대개 안 좋은 영향을 끼친다고 생각한다. 그들은 타인이 나의 삶을 방해하는 느낌을 싫어한다. 타인은 원수와 같은 존재들이며, 때로는 나의 삶을 망치려 든다고 생각하기도 한다. 자신의 의사결정에 영향을 미치려는 시도나 방식에 대해서 강한 거부감을 느낀다. 결과적으로 이들은 혼자만의 길을 걷는다.

그들은 습관적 애주가이다. 인터뷰를 통해서 모든 유형에게 음주 및 흡연, 운동 여부를 물었다. 그중 골방의 파수꾼이 가장 높은 음주량을 기록했다. 그들은 거의 술을 마시며, 많이 마신다. 단, 혼자 마신다는 특징이 있다. 특히 집에서 혼자서 술을 마시는 빈도와 양이 압도적이다. 그들은 오늘의 걱정과 적적함을 잊기 위해서는 알코올의 도움이 필요할 수밖에 없다고 강조한다. 집에서 아무것도 안 하고 있으면, 그냥 '차갑고 기분 좋게 만드는 것'이 당긴다는 말도 덧붙였다. 이들은 유튜브를 보면서 아무것도 안 하고 있으면 목이 타기 때문에 꼭 맥주나 소주 혹은 와인을 마신다. 인터뷰에 응한 사람 중, 술에 일가견이 있는 사람도 적지 않았다.

서울에 사는 회사원 안 모 씨는 아무개 유튜브의 먹는 방송을 보면 나도 같이 그렇게 음식을 먹고 싶어지는데, 음식은 직접 만들거나 주문하기 번거로우니 술로 대신한다고 했다. 이렇게 영상을 보면서 마시니 남들과 같이 마시는 기분이 든다고 했다. 일종의 '배경 효과 및 음악'인 셈이다. 가끔 그들도 밖에 나가서 혼술을 마시기도 하는데, 그럴 때 일절 누구에게도 말을 걸지 않고 스마트폰에 집중한단다.

'방구석 전문가들'의
기쁨과 슬픔

같은 골방의 파수꾼이지만, 사람마다 차이는 있다. 예를 들어, 외관상 평범한 삶을 문제 없이 살아가는 사람도 있다. 그에 비해, 이들 중 일부는 극단적으로 외부 접촉과 관계를 피하기도 한다. 이는 사회적 문제로 불거지고 있는 사람들이다.

한편으로는 지금 당장은 고립된 삶을 살지만, 나중에는 달라질 수 있다고 말하는 사람도 있다. 그들은 말하길, 방 안에서의 삶에 만족하지만 아주 가끔은 너무 답답하다고 느낄 때가 있단다. 자신도 나가서 일반적인 사람들처럼 치킨도 먹고 맥주도 마시고 싶다고 했다. 지금은 몸과 마음이 힘들어서, 밖에서의 삶을 차마 상상할 수 없단다. 그런데 여건이 달라지면, 남들 보란듯이 밖에 나가 친구도 만나고 술도 마시고 싶다고 했다.

어쩌면 고립은 본인의 의지보다 상황과 환경에 따른 결과물일 수 있다. 상황이나 환경이 긍정적으로 바뀌면, 관계 양상도 달라질 수 있다. 사람들이 고립된 삶을 살겠다는 최초의 계기 역시 경제적인 실패나 사회적인 맥락에서 비롯된 경우가 많았다.

지금은 고통스러운 시간을 보내고 있지만, 앞으로 달라질 수 있다는 약간의 기대도 품는다. 그 사람의 경제적·사회적 위치와 상황에 의해 관계는 영향을 받는다. 관계와 친구는 조건적인 맥락의 결과물이지, 영원히 바뀌지 않는 불변의 결과물은 아니다. 지금은 당장 땅 밑으로 꺼지고 있지만, 시간이 지나면 바닥을 치고 반등할 수 있다고 믿기도 한다. 그들은 읊조린다. "영원한 고립은 아니야."

나무위키

포에버

골방 속 파수꾼의 삶을 하나씩 들여다본다. 그들은 어떤 삶을 살고 있는가? 그들은 세상을 등진 채, 무엇에 집중하고 있는가? 정녕 그들이 삶에서 지키고자 하는 가치는 무엇인가? 골방 안에서는 어떤 일들이 일어나고 있나? 궁금한 대목이다. 골방에 갇혀 나무위키 작성에 매진하는 김정훈을 만났다.

먼저 그에게는 장인 정신이 느껴졌다. 그는 자신이 맡은 아주 세부적인 분야에 대해서 번뜩이는 창의성과 막중한 책임감을 겸비했다. 그 창의성과 책임감을 나무위키에 흩뿌린다. 그럴 때 모니터를 뚫어지라 바라보며 집중한다. 사람과 이야기할 때 반쯤 풀린 눈빛과 너무 다르다. 그래서 전혀 다른 사람처럼 느껴진다. 그에게는 자아가 여럿 있는지도 모른다. 그가 배고프다고 해서 그가 자주 간다는 집 근처 중국 음식점에 갔다. 그가 주문한 볶음밥이 나왔다. 집에서 나무위키를 하면서 가장 많이 먹는 음식이 볶음밥이라고 했다.

29세 직장인 김정훈은 나무위키 매니아다. 그에게 유일한 친구는 나무위키다. 집에서 나무위키 할 때가 가장 행복하단다. 그는 외톨이다. 친구도 없고 가족이랑도 의절한 상태다. 일상에서 말을 잘 하지 않는다. 말을 하더라도 단답형으로만 이야기한다. 그런 그가 취직에 성공했을 때, 자신도 놀랐다. 그래도 밥은 먹고 살아야 하니 돈은 벌어야겠고, 어쩔 수 없이 회사 생활을 시작했다. 회사에서도 최소한의 사회 활동만을 지향한다.

그렇게 퇴근 후, 자신의 작은 집에 돌아와서 가스레인지 앞에 서서 밥을 먹는다. 그리고 그가 얼마 전에 구매한 32인치 모니터 앞에 앉는다. 하루 중 그가 제일 좋아하는 시간이다. 그는 비치 보이스를 좋아하는데 그가 제일 좋아하는 곡은 'The Warmth Of The Sun'이다. 히키코모리라고 해서 에미넴 이런 거 좋아하는 줄 알았나? 반드시 그런 것은 아니다. 그는 몽환적이고 낭만적인 사운드를 좋아한다.

이렇게 유튜브에서 배경 음악을 깔아놓고, 나무위키를 시작한다. 그가 나무위키를 좋아하는 이유는 거기에 나름 위트와 유머 감각이 있기 때문이다. 막 노골적이지 않으면서도 그들만의 특유의 문체가 있다. 지적으로 뽐내는 듯하지만 나름의 개그 코드도 있다. 일차원적인 개그나 유머 감각이 아니라, 문맥과 뉘앙스 전반에 배어있는 고급스러운 코드다. 이건 아무나 이해 못 한다. 나무위키 사용자들만 안다. 마치 한 사람이 모든 페이지를 쓴 것처럼, 문체가 비슷한 것도 그러한 이유다.

그는 처음에는 열심히 읽기만 했지만, 이제는 직접 작성도 한다. 일상에서는 최소한의 소통을 지향하지만, 나무위키에서는 그 누구보다도 적극적이다. 그는 자신이 잘 알고 있는 분야에 대해서 빼곡하게 페이지를 등록한다. 남들 모르게 페이지에 자신만의 흔적을 남겨 놓았다. 일종의 서명이랄까?

온라인 공간에 자신만의 흔적을 남기는 것, 문득 이게 삶의 이유는 아닐까?라는 생각이 들었다. 익명의 여러 저자가 남기는 지식 커뮤니티, 나무위키. 나무위키가 없으면 그의 삶은 더욱 외로웠을 것이다. 이제는 외롭지 않다. 문득 음악을 듣다가 내가 내일 예기치 못한 사건으로 죽을 수도 있겠다고 생각했다. 사람 일을 누가 알겠는가? 그래도 온라인에 남겨 놓은 흔적은 거기에 계속 남아 있을 것이다. 어쩌면 그것만으로도 충분하지 않을까? 비치 보이스의 'The Warmth Of The Sun'처럼 말이다. 그렇게 생각하니, 마음이 조금은 따뜻해졌다. 사랑하고 고마워, 나무위키!

○○○

골방 속 파수꾼들은 하나에 깊게 파고든다. 사람들과 함께 어울리면서 쓰는 에너지를 아꼈다가 자신의 관심사에 매진하는 경향이 있다. 그만큼 손실 없는 열정이 고스란히 반영되어, 때로는 뛰어난 성과를 거둘 때도 있다. 일종의 장인 정신이라고 할 수 있다. 어떤 사람들은 이를 깎아내리는 투로, '방구석 전문가'라고 부르기도 한다.

그런데 그들의 성과가 일반적인 사회적 맥락이나 조직에서 인정받기는 어려운 측면이 있다. 그들은 대개 조직의 일원으로 활동하지 않기 때문에 이들의 생산적이고 창의적인 에너지 발산이 사회의 관심을 받기 더욱 어렵다. 그들의 몰입은 관계가 주는 충만함이나 기쁨을 상쇄하는 긍정적인 부분도 있다.

관계는 불행의 씨앗,
불필요한 책임의 시작

이 시대 가장 훌륭한 스토리텔러는 어디에 있나? 넷플릭스 중독 박현진은 말한다. 바로 넷플릭스에 있다. 그는 전 지구인에게 즐거움을 제공하는 넷플릭스의 광팬이다. 넷플릭스 속에서 펼쳐지는 삶의 모습에서 인생을 배운다고 했다. 대신 일상에서의 삶이나 관계는 과감하게 포기한다. 넷플릭스 세계에서 박진감, 재미, 인생의 단맛, 쓴맛을 다 볼 수 있는데, 왜 구태어 일상에서 그 지리멸렬한 감정을 직접 경험하는가? 그에게 관계는 한없이 무겁고, 넷플릭스는 한없이 가볍다. 박현진의 이야기를 들어본다.

넷플릭스와
유튜브로 인생을 배운다

26세 박현진은 넷플릭스 중독이다. 특히 주말에 몰아본다. 금요일 저녁, 집으로 오는 길에, 먹을 것을 잔뜩 구매한다. 절대 집 밖으로 나가지 않을 것이다. 주로 그녀는 캔맥주, 컵라면, 김밥, 닭강정, 순대, 감자칩 같은 것을 잔뜩 사서 냉장고에 채워 놓는다. 넷플릭스를 보다가 배고프면, 흐름이 끊겨서 확 짜증이 나기 때문에, 이를 방지해 줄 준비물이다. 그녀는 친구도 없고, 가족이랑도 연을 끊었다.

대신 그녀에게는 넷플릭스가 베스트 프렌드이자 스승이다. 넷플릭스를 통해서 인생을 배운다. 넷플릭스를 통해서 관계를 배운다. 절대 자신의 삶에서 경험할 수 없는 다양한 인생을 체험한다. 그리고 생각에 빠진다. 내가 저런 상황이라면 어떻게 할 것인가? 최근에는 〈솔로 지옥〉을 시청한다. 절대 솔로가 아닐 것 같은 남녀가 이상한 곳에 모여서 서로 경쟁하고, 짝을 만든다는 맹랑한 콘셉트다.

도대체 거기에 왜 기어코 들어가는가? 하지만 맹랑할수록 재미있는 것이 바로 쇼비즈니스의 본질이다. 그녀는 여성 출연자들이 뭐라 뭐라 할 때, 과감히 "셧업셧업셧업"하면서 빨리 감기로 건너뛴다. 요즘 들어 특히 말이 많다. 대신 남자 출연자들이 뭐라 뭐라 말하면 그걸 또 귀쫑긋 세우고 미친듯이 집중한다. 누가 말을 더 잘하는지, 누가 더 자기표현에 능숙한지 비교한다. 마음에 드는 남자 출연자를 고르는 과정이다. 그렇게 마음에 드는 남자 출연진 아무개가 사랑 고백을 할 때, 마치 내가 고백받는 것 같은 전율을 느꼈다. 이런 게 사랑일까?

넷플릭스가 지겨우면, 이웃집 유튜브로 건너간다. 유튜브는 콘텐츠 전체를 보지 않아도 되니 피로감이 덜하다. 조각조각 중요한 장면만 모은 옛날 영화를 시청한다. 누가 은혜롭게도 엑기스만 축약해서 올려놓았다. 그녀가 가장 좋아하는 영화는 〈퀸카가 살아남는 법〉 그리고 〈악마는 프라다를 입는다〉이다. 거의 100번은 본 것 같다. 그녀가 이토록 빠진 이유는 극 중 여주인공에 감정 이입을 할 수 있기 때문이다.

이제 그녀들의 삶을 간접 체험한다. 감정 이입이 훨씬 쉽다. 특히 〈악마는 프라다를 입는다〉 여주인공 앤 해서웨이로 빙의하여 콘데 나스트의 '보그'에서 일하고 싶다. 하지만 거의 200% 못난 보스 때문에 개고생할 것 같으니, 영화로만 만족하련다. 영화 〈퀸카가 살아남는 법〉의 등장인물들은 서로 못 잡아먹어 안달이다. 이게 또 우리의 인생 축소판 아닐까?

그녀는 관계를 저버린 삶을 산다. 관계는 불행의 씨앗이며 불필요한 책임의 시작이라고 굳게 믿는다. 하지만 영화나 콘텐츠 시청은 괜찮다. 남의 일이기 때문이다. 가끔 궁금하다. 누군가에게서 고백을 받는다는 것은 어떤 느낌일까? 누군가가 나를 아끼고 있다는 것은 어떤 느낌일까? 누가 내 이름을 친근하게 불러준다는 것은 무엇일까? 삶에서 그런 경험을 한 번도 한 적이 없다. 콘텐츠를 통해서 삶의 빈 곳을 채우는데, 넷플릭스와 유튜브는 정말 탁월하다. 그녀처럼 이렇게 골방에 박혀서 넷플릭스와 유튜브로 인생 공부하는 사람들이 많을 것이다. 얼굴 모르는 그들과 떨어져 있지만, 이렇게 캔맥주로 건배하면서 같이 응원하고 싶다. cheers!

○○○

그들은 인생을 유튜브와 넷플릭스에서 배운다. 그들에 따르면, 전 세계인의 경험이 모인 허브다. 골방의 파수꾼들은 방에 누워서 이들을 보면서 인생을 간접적으로 체험한다. 화면 속의 사람들은 어떤 삶을 사는가? 나라면 어떻게 할까?와 같은 역할 놀이를 하기도 한단다. 실제 저러한 역할을 하라면 뒤도 안 돌아보고 바로 도망갈 테지만, 남의 이야기를 마음 편하게 시청하는 것이니 마음이 놓인다. 대인 관계에서는 한없이 소극적이고 내향적이지만, 유튜브 등지에서는 누구보다도 적극적이다. 열심히 댓글을 남기고, 마음에 안 드는 콘텐츠가 있으면, 적극적으로 '싫어요' 버튼도 누른다. 그들은 열심히 콘텐츠를 검색하고, 비평가의 눈으로 내용을 평가한다. 그렇게 쌓인 시간과 경험으로 인해서, 상당한 전문성을 가진 파수꾼들도 있다.

누가 내 술에
시럽 넣었냐?

진정한 술꾼은 과묵하다고 했다. 술은 혼자서 즐기는 것이니 다른 사람과 떠들면서 즐기는 것이 아니라고 했다. 진정한 이 시대 술꾼, 이준식의 의견이다. 그에 따르면, 왁자지껄하게 술을 마시는 것은 하수라고 했다. 술꾼을 빙자한 주정뱅이라고 했다. 술맛을 아는 사람은 동반자가 필요 없다고 했다. 술은 자기 자신과의 대화라고 했다. 시끄럽게 사람들과 어울리고 싶으면서 왜 술을 마신다고 핑계를 대는가? 그는 진정으로 술을 사랑하는 사람과 시끄러운 주정뱅이들을 구분해야 한다고 했다.

회사원 이준식은 술꾼이다. 일 년에 360일 정도 술을 마신다. 그리고 거의 혼자 마신다. 그는 회식은 싫어하지만 혼술은 좋아한다. 회사에서 말도 섞기 싫은 사람이랑은 술을 마시기 싫다. 술맛 떨어진다. 그래서 회식하면 거의 술은 안 마시고, 안주만 꾸역꾸역 먹는다. 그리고 사람들과 헤어지면, 혼자서 술에 집중한다. 아까 안주는 먹었으니, 술만 마시면 되니 돈이 굳어서 매우 흡족하다.

그런데 생판 모르는 사람이 가득한 주점에서는 또 이상하게 술이 술술 들어간다. 주점에서는 익명성 보장이 필수다. 나를 아는 사람과 술을 마시면서 이야기를 해야 한다는 압박감은 그에게 어마어마한 스트레스다. 그는 주점 사장들이랑 친해질까 봐 단골이 되기 전에 다른 곳으로 옮기곤 한다. 왜 내가 사장이랑 친해져야 하는가? 나에게 말을 걸지 않는 사람이 좋다. 그는 집에서 주로 술을 마시지만, 집에 술이 다 떨어졌거나 익명성 속의 자유가 그리울 때면, 홀연히 집 밖을 돌아다니며 술집을 찾는다.

그는 최근 이사를 해서, 집 근처 술집 정보를 모으기 시작했다. 과거에는 힙스터들이 사는 동네이자 대학가도 가까워서 좋은 술과 저렴

한 술을 필요에 따라 마시기 쉬웠다. 지금 사는 곳은 전형적인 주택가라서, 이러한 혜택은 어렵고 그냥 밥집과 술집을 겸한 곳이 많다. 그는 이러한 곳을 싫어한다. 밥이랑 술을 같이 채우는 곳. 그만큼 전문성이 떨어지는 곳이며, 무엇보다 이런 데는 가족 단위 손님이 많은데, 빽빽거리는 아이도 빠질 수 없다. 그는 이사를 잘못 왔다는 절망감에 휩싸였다. 그러던 와중 어느 허름한 간판이 걸린 술집으로 들어갔다.

"어서 오세요." 사장 말로는 전통술을 기반으로 했다는데 와인, 칵테일 등 다 팔고 있었다. 전문성은 없고 그냥 돼지고기, 쇠고기, 닭고기, 중식, 한식을 겸하는 그런 곳이었다. 그래도 자리에 앉았으니 어쩔 수 없다. 메뉴판에 에스프레소 마티니가 있어서 의외였다. 생각보다 어려운 칵테일인데, 이게 가능할까 싶어서 주문했다. 사장 겸 바텐더는 살짝 당황하는 기색을 보이다가 만들기 시작했다. 얼마간의 시간이 흘러서 칵테일이 나왔다.

한 모금 마셨다. 바로 취소하고 싶었다. 너무 달았다. 안 그래도 에스프레소 마티니가 어느 정도 단 술인데, 주인장이 여기에다가 시럽을 마구마구 넣은 것이 분명하다. 그는 단 술을 마시면 확 짜증이 난다. 동네 초등학교에서 파는 슬러시 같다고 해야 할까? 그는 그렇게 두어 번 마시고, 얼른 계산하고 그 자리를 떠났다. 다시는 그 주점에 가지 않으리. 그리고 잊기 전에 네이버 리뷰를 남겼다. 별은 한 개도 과분하다. 이어지는 한 줄 혹평. "그냥 싸구려 슬러시나 팔아라, 완전히 더위 사냥 느낌."

○○○○

그들은 외골수 기질이 있다. 그들은 자신의 경험과 정보에 대한 강한 자부심을 느끼기도 한다. 표현을 잘 하지 않는다고 해서, 그들이 생각이 없는 것은 아니다. 그들이 마냥 순한 양과 같이 갇혀 사는 존재는 아니다. 필요성을 느끼면, 밖에 나오기도 하고, 관심 분야에 관한 생각이나 의견을 남기기도 한다. 그러한 생각이나 의견이 터무니없을 때도 있지만, 때로는 매우 높은 식견을 자랑할 때가 드물지 않다. 밥만 먹고 계속 그것을 연구했으니, 당연한 결과 아닐까? 일반적인 사람들이 사회생활, 인간관계에 매진하느라 좀처럼 공을 들이지 않은 주제도 소홀히 하지 않는다. 남들이 무심코 지나가는 것, 사회적으로 크게 의미 없는 내용도 주시하고, 관련 경험과 지식을 쌓기도 한다.

그래서 해당 분야에 대해서 누구보다도 엄격한 기준을 견지하고 있다. 그리고 이러한 기준에 부합하지 않는 결과

132

물에 대해서 매우 공격적이고 비판적인 의견을 남긴다. 그럴 때, 그들은 사람들이 말만 많고 실실 웃으면서 상황을 모면하려 할 뿐, 제대로 결과물을 만들어 내지 못한다고 질타한다. 어쩌면 일리 있는 말일 수 있다. 모든 외골수가 장인은 아니지만, 대개 많은 장인은 하나에 매진하는 외골수를 자처한다. 타협없는 높은 기준, 이는 오랜 시간 축적된 전문성과 고독의 결과물인 것이다.

4장

빅토르 위고가 쓴 소설《레 미제라블》의 테나르디에 부부를 기억하는가? 돈을 엄청나게 밝히는 여관 주인 부부는 수단과 방법을 가리지 않고 돈벌이에 골몰한다. 그들은 이렇다 할 기술은 없다. 대신 주변 사람을 상대로 거짓말과 사기를 치면서, 경제적인 이득을 취한다. 그들에게 관계는 좋은 밑천이다. 알고 지낸 사람, 마주치는 사람들을 이용하고, 그들을 상대로 더 많은 돈을 뜯어내고자 한다. 소설 속에서는 이렇다 할 처벌을 받지 않고 잘 사는 것으로 끝난다.

이게 소설 속에나 등장하는 인물일까? 그렇지 않다. 오늘을 사는 많은 사람 중 일부는 이러한 '테나르디에 정신'을 물려받은 인물들이 적지 않다. 과거 소설에 나오는 그들처럼 일차원적으로 돈을 뜯어내려 하지는 않으나, 좀 더 미묘한 방식으로 경제적·사회적 이득을 보려는 시도는 종종 볼 수 있다. 그들은 왜 이렇게 행동하는가? 관계가 바로 돈이 되는 것을 알기 때문이다. 그들은 뼛속까지 기회주의자이며 물질을 숭배하는 배금주의자이다.

물론 소설 속 인물들처럼 위법한 행동을 노골적으로 저지르지는 않지만, 관계를 철저하게 기회주의적으로 활용하는 인물은 여전히 존재한다. 이들에게 관계는 무슨 의미일까? 관계는 그저 돈벌이 수단인가? 그들에게 관계는 직업적 성취를 위한 수단에 불과한가? 관계는 편안한 삶을 살기 위해서 쉽게 이용할 수 있는 도구인가?

그들은 대개 가난하거나, 경제적인 어려움을 겪고 있다. '곳간에서 인심 난다'는 말이 있다. 사람의 너그러움은 경제적인 여유에서 나온다. 테나르디에는 자신들의 경제적인 무능력이나 불행함을 보상받고자 한다. 하지만 그들의 '보상'은 법적으로 문제가 있다. 대개는 폭리를 취하고자 한다.

그들은 한편으로 목표 지향적이나 딱히 이렇다 할 기술이나 독자적인 능력이 없으므로, 쉽게 관계를 이용한다. 그래서 그냥 테나르디에가 아니라 '생계형 테나르디에'이다. 먹고 살기 힘드니 그렇게 사는 데 익숙하다. 그들에게 관계의 진정성 내지는 의미, 죄책감 같은 추상적인 말은 배부른 소리다.

그냥 테나르디에가 아니라 '생계형 테나르디에'이다. 먹고 살기 힘드니 그렇게 사는 데 익숙하다. 그들에게 관계의 진정

1

생계형 테나르디에,
그들은 누구인가?

그들은 공짜를 좋아한다. 돈 지출을 극도로 싫어한다. 관계도 그렇다. 정확히 말해서, 자신이 돈을 내지 않는 관계를 좋아한다. 다른 사람이 내는 것을 좋아한다. 공짜 밥과 술에 환장한다. 돈 많은 아무개가 자신에게 베푸는 것을 매우 좋아한다. 그들은 무전취식이 주특기다. 자연스레 자신이 직접 돈을 써야 하는 역할을 꺼린다. 자신이 돈을 내야 하는 관계를 시작부터 만들지 않는다.

그들은 지금까지 그러했듯이 '체리 피킹'만을 하고 싶

다. 관계를 위해서 돈을 쓰는 일을 극도로 싫어한다. 기본적으로 구두쇠이며, 자신은 생계형이기 때문에 어쩔 수 없단다. 그래서 그들은 남들이 사주는 밥이나 술에 환장한 사람들이다. 자신이 돈을 내야 하는 상황에서는 숨거나, 갑자기 신발끈을 고쳐 매는 것과 같은 딴청을 피운다.

그들은 관계에서 어떤 이익을 보려고 노력하는 기회주의자들이다. 그러므로 때로는 위법한 행동을 하기도 한다. 이런 경우, 상대방이 정색하고, 법적인 대응을 진행할 때가 있다. 그러면 그들은 대뜸 "우리 사이에 왜 그래?"라면서 면피성 발언으로 상황을 모면하려 든다.

그들은 피 같은 돈을 뺏기는 상황이 너무도 싫다. 특히 변호사를 매우 싫어한다. 그 이유는 바로 "소시민의 간을 빼먹는 사람들"이기 때문이다. 법이 아닌 관계로 문제를 풀어야지, 왜 법적인 시시비비로 안 그래도 먹고 살기 어려운 자신을 괴롭히냐?는 것이다. 이럴 때는 또 정색하면서 갑자기 유화적인 제스처를 취한다. 한편 그들이 좋아하는 사람들은 멍청한 경찰이다. 때로는 수사 실력이 미비한 형사가 자신의 잘못을 제대로 파악하지 못하는 경우, 커다란 안도의 한숨을 쉰다. 행복한 '불송치' 결정이 나올 때, 매우 감사하게 생각한다.

그들은 돈으로 환산할 수 없는 성질의 것들을 싫어한다. 예를 들어, 명예나 기품, 에티켓, 양심, 철학과 같은 것들이다. 이러한 그들의 관점은 관계에서도 바로 적용된다. 그들은 관계에 있어서, 추상적인 미덕을 싫어하고, 바로 계좌에 찍힐 수 있는 액수와 같은 실질적인 가치를 좋아한다. 일반적인 사람도 마찬가지지만, 이들은 그 정도가 매우 심하다. 그러니 그들에게는 상대방의 인품이 아무리 좋고, 사고의 깊이가 깊어도, 돈이 없으면 바로 폐기 처분 대상이다. 이용가치가 없는 것이다.

그들은 왜
테나르디에가 되었나?

그들은 왜 테나르디에가 되었을까? 특별한 이유가 있을까? 그리고 언제부터 테나르디에의 길을 걷게 되었나? 그들은 그러한 자신의 모습을 어떻게 판단하나? 많은 질문이 쏟아질 수밖에 없다. 그들이 테나르디에가 된 이유는 간단하다. 바로 "목구멍이 포도청"이기 때문이다. 먹고 사는 게 힘드니 어쩔 수 없이 변했단다. 그들도 어린 나이에는 몰랐다. 세상의 이치와 흐름에 눈을 뜨면서 현실의 벽도 마주하게 된다. 세상은 이기적으로 사는 게 현명하고, 타인을 이해타산적으로 대하는 게 남는 장사라는 걸 깨닫는다.

그들은 한편 합리화도 서슴지 않는다. 먹고 사는 문제만큼 성스럽고 동시에 현실적인 일이 어디 있으랴? '목구멍이 포도청'이라는 말이 괜히 있는 게 아니다. 그만큼 현실적이며, 숭고하고, 그래서 우리는 그 말에 설득된다. 그리고 이를 빌미로, 우리 시대 테나르디에는 관계를 이용해서 이득을 취한다. 그들을 강조한다. "우리는 부끄러운 삶을 살지는 않는다." "단지 삶이 고되고 힘들 뿐"이라고 덧붙인다.

뼛속까지
기회주의자

세상에 많은 정보와 기회는 관계를 통해서 흘러 들어온다.

관계가 개인적이거나 심리적인 안정만을 주는 것이 아니라 삶의 기회와 변화의 시발점이 되기도 한다. 사람을 그저 인간 대 인간으로 만날 수 있다면, 그 사람은 축복받은 사람일지 모른다. 인간적 관계를 사업적, 직업적 수단으로 활용할 필요가 없으니까 말이다. 하지만 많은 사람의 경우, 이러한 경계가 모호하다. 언제든 관계는 직업적으로, 사업적으로 변할 수 있다. 이러한 변화의 활용 여부는 개인에게 달려있다.

그런데 생계형 테나르디에는 '물 들어올 때, 노 젓는다'라고 생각한다. 언제나 물이 들어오지는 않기 때문에 이참에 관계를 통해서 한몫 챙기는 게 중요하단다. 조금이라도 자신에게 도움이 되면 바로 실행에 옮긴다. 그게 세상을 잘 사는, 현명한 방식이라고 생각한다. 그들에게 이처럼 사람과 관계는 하나의 수단이다. 관계를 통해서 얻을 수 있는 심적인 안정이나 유대감 등은 부차적인 내용이다. 그들에 따르면, 그러한 부차적인 내용은 가진 게 많은 사람이나 누리는 배부른 소리다.

너희는 내 돈벌이의
가장 든든한 밑천

'썩어도 준치'라는 말이 있다. 프랑스에서 왔는데, 한국에서는 거의 거지처럼 지내는 앙리가 그렇다. 그는 여기저기 얻어먹고 다닌다. 나도 그에게 술을 사준 적이 있다. 자신이 하는 주류 사업 매출을 높이려고 자신이 수입하는 술을 주문한다. 물론 계산할 때는 '나 몰라라'로 일관한다. 그런데도 그는 한국에서 자신의 가난함을 합리화하면서 살아간다. 실패한 인생의 전형이다. 하는 사업마다 실패하고, 주변 한국인 사이에서도 평판이 안 좋다. 당연히 그렇게 공짜 술을 마시는데, 누가 좋아하랴? 프랑스에서 온 원조-테나르디에, 앙리의 이야기를 들어본다.

파리병에 걸린
너희들의 지갑을 노리련다

38세 앙리, 그는 프랑스 샹파뉴 출신이다. 샴페인의 본고장 샹파뉴에서 온 그는 한국에서 주류 사업을 한다. 태어난 곳에 대한 자부심이 강하다. 그 자부심을 동력 삼아, 샴페인의 '샴' 자도 모를 미개한 극동의 한국 시장에서 큰 획을 긋겠다고 한다. 하지만 그가 한국에서 하는 사업마다 족족 망하고 있다.

그는 파리에서 한국인 여성을 만났다. 하룻밤 가벼운 만남이었으나 그녀와의 사이에서 애가 생겼다. 당시 그는 그 한국인 여성이 부잣집 외동딸인 줄 알고 이게 웬 떡이냐 싶어서 결혼했다. 그녀는 파리에서 무슨 재벌집 따님처럼 행세했기 때문이다. 그녀를 따라가면 동아시아의 부를 경험할 줄 알았는데 개뿔, 꽝이었다. 그래도 동방예의지국, 휴머니스트 그녀의 부모는 그가 서울에서 직업을 찾을 수 있도록 도와줬다.

그가 지금 하는 주류 사업도 그녀 부모의 덕분이었다. 그녀의 부모는 프랑스 남자들은 이런 상황에서 그냥 나 몰라라 도망친다는데, 그렇게 하지 않은 앙리를 대견하게 여겼다. 그 대견함의 보상으로 사업 밑천을 제공했다. 하지만 그에게는 턱없이 부족한 금액이었다. 그는 그녀의 가족이 무슨 〈크레이지 리치 아시안〉 같은 영화에 나오는 집인 줄 알았기 때문이다.

애가 태어나고 자라니 이제 그는 발목이 잡혔다. 나의 자식이지만, 징징거리고 투덜거리고 불어도 못 하는 애랑 말도 섞기 싫다. 게다가 한국에선 근 10년을 생활하는 동안 그는 딱히 이룬 것도 없고 다 족족 망해서, 이제는 장인, 장모와 같이 산다. 집도 없고 빚은 많고 남은 건 프랑스에서 왔다는 자존심이 전부다.

사업적으로 폭삭 망하고 땡전 한 푼 수중에 없지만, 그는 모든 한국인이 자신 같은 백인에게 친절해야 하며, 한국인들이 문화적으로 미개하므로 자신의 말을 경청해야 한다고 생각한다. 그래서 그는 술자리에서 설교한다. 설교의 궁극적 목적은 사업 자금 마련이다. 그는 순진하고 돈 많은 한국인을 어떻게든 자신의 사업에 도움이 되는 방식으로 이용한다.

그가 제일 먼저 던지는 레퍼토리는 "나는 샴페인의 고장, 샹파뉴에서 왔어"다. 그래도 너무 설교만 하면 이상한 사람처럼 보이니, 가끔 테이블 매너와 주류에 대한 지식을 이야기해주고 공짜로 술을 즐겨 마신다. 일부러 비싼 술을 시킨다. 그는 자신이 납품하는 술을 주문하여, 남의 돈으로 신나게 마신다. 님도 보고, 뽕도 딴다. 하지만 그는 당당하다. 내가 이렇게 열심히 너희들을 가르쳐 주니, 나는 공짜 술을 마실 자격이 있는 거 아냐? 나는 샹파뉴에서 왔다고.

최근 그는 '파리 피크닉'이라는 술집을 신사동 근처에 열었다. 어느 돈 많은 한국인 친구를 꼬드겨서 작은 술집을 시작한 것이다. 그는 한국인들이 미개하다고 경멸하지만, 한국인들의 지갑은 언제나 메르씨 merci다. 과거 사업이 망한 것도 문화적으로 척박한 한국인들이 자기 사업 아이템의 가치를 못 알아봐서 생긴 일이라고 해석한다.

그리고 '파리 피크닉'은 파리병 걸린 한국인들의 지갑을 노리는 게 핵심이다. 한국에서 프랑스 파리에 대한 환상은 돈이 된다. 그것이 어쩌면 그가 한국 생활을 하면서 배운 유일한 내용이다. 게다가 그는 요즘 손님이 술에 취하면, 주문한 것보다 몇 잔을 더 마신 것처럼 부풀려서 계산하기도 한다. 행여나 누가 따지기라도 하면, "나는 한국말 몰라"라며 대뜸 반말로 프랑스인 특유의 어깨 들썩이기 스킬을 발사한다. 그러던 어느 날, 오픈 준비로 바쁜 가게에 경찰이 다짜고짜 들이닥쳤다. "여기 사장님이죠? 사기 혐의로 고소되셨습니다. 잠시 저희랑 가셔야겠습니다."

○○○

앙리는 프랑스인이다. 그는 가난하다. 흔히들 선진국에서 왔다고 하면 부자라고 생각하지만, 모두가 그렇지 않다. 자신이 가난하기 때문에, 그는 한국인을 등쳐먹고 살아도 된다고 생각한다. 척박한 동양의 변두리에 프랑스의 고급문화를 전달하는 소중한 역할을 하고 있기 때문이다. 자신이 가난한 이유에 대해서 합리화를 하기도 한다. 한국인들이 음주 문화에 대해서 무지해서 그렇단다. 그는 모든 한국인이 자신에게 친절해야 하며, 자신에게 비싼 술을 사줄 것을 기대한다.

이제 그는 친절한 한국인들과 친분을 쌓아서 어떻게든 그들의 돈을 빼앗아볼까 하는 궁리에 젖어있다. 이러한 모습은 진정 소설 속 테나르디에를 쏙 빼닮았다. 관계를 이용해 자신에게 조금이라도 이득이 된다면, 거리낌이 없다. 그러면서도 한편으로는 자신은 한국에서 늘 대접받아야 하는 유러피안 프랑스인의 정체성을 잃지 않는다. 그래서 이중적인데, 동양인을 우습게 보면서 그들과의 관계를 이용하여 조금이라도 돈을 벌고 싶어 한다.

나는

한강뷰와 결혼했다

관계를 통해서 우리는 부에 접근할 수 있는가? 관계와 그 관계를 통해서 기대할 수 있는 경제적 이득을 얼마나 엄밀하게 구분할 수 있을까? 쉬운 질문은 아니다. 그렇다면 좀 더 쉬운 질문을 던져본다. 상대방이 부유하다는 이유로, 그 사람에게 유독 친절하게 행동한 적이 있는가? 부유한 사람에게 우리는 무엇을, 얼마나 기대하는가? 그리고 그것이 행동으로 드러나는가?

한강뷰 신축 아파트에 관한 관심은 거의 전 국민적이다. 부의 표상 아니던가? 그런 아파트에 사는 아무개가 갑자기 당신을 좋아한다고 이야기한다면, 당신은 뭐라고 말할 것인가? 전무했던 사랑과 관심을 지피기 위해서 노력할 것인가? 이걸 바람직하다고 할 수 있을까? 딱히 상대방을 좋아하지 않으나, 그 사람 덕분에 한강뷰 신축 아파트에 살 수 있다면, 눈 질끈 감고 상대방을 좋아한다고, 사랑한다고 마음을 고쳐먹어야 하나? 30대 회계사로 일하는 B는 요즘 그러한 상황에 직면해 있다. 그녀의 딜레마를 들어본다.

30대 회계사로 일하는 여성 B는 최근 한 남자를 만나고 있다. 처음 봤을 때, 그는 별로였다. 쇳소리 나는 목소리에, 쭈글쭈글한 피부, 키는 다소 크지만, 상체가 길어서 대형 허수아비를 만나는 느낌이었다. 어디 갈비집 개업하면 호객하려고 내놓은 풍선 설치물 같다고 할까? 움직일 때마다 흐느적거렸다. 남자다운 매력이 없었다.

그런데 이러한 모든 단점을 상쇄하고 뛰어넘는 장점이 있으니, 바로 이 남성이 반포의 신축 아파트에 산다는 점이었다. 그것도 혼자서. 심지어 자가란다. 이것은 거의 로또 아닌가? 로또 1등 금액보다 비싼 반포 아파트다. 이전까지는 무조건 남자는 얼굴이라고 생각한 그녀는 어마어마한 심리적 각성을 경험했다. 어르신들이 괜히 '남자 얼굴 뜯어 먹고 살 거냐?'라는 말을 한 게 아니다. 그의 못마땅한 얼굴에 가끔 역할 때도 있지만, 반포대교가 한눈에 내려다보이는 그의 아파트 거실에 앉아 있으면 역한 게 풀리는 느낌이다. 소화된달까? 활명수를 마신 격이다.

그의 아파트에서 내려다보이는 반포대교 근처에는 한강 공원이라서 사람들이 많았다. 마치 개미처럼 사람들이 옹기종기 앉아서 강변을 하염없이 바라보고 있었다. 그녀도 한때 그랬다. 저기 어딘가 앉아서 아무개들이랑 치킨이나 시켜 먹고 시간을 보냈다. 다 지나간 시간, 지나간 인연들이다.

학교를 졸업하고 회사에 다니는 30대에 이르니, '인생은 한강물 아니면 한강뷰'라는 간명한 진실을 마주했다. 한강 둔치에서 쭈그리고 앉아서 반포대교를 그냥 바라보는 사람과 아파트에서 내려다보는 것은 하늘과 땅 차이이다. 그건 태평양과 동네 저수지에 비견될 수 있는 차이다. 위에서 내려다보는 것은 거의 전지전능한 경험을 준다. 여름에는 비린내 나는 한강 공원에서 다리를 올려다보는 것이 아닌, 35층 아파트에서 내려다보는 그 광경은 두 번 설명하기 입 아픈 현격한 차이다. 같은 광경이 이렇게 다르게 느껴질 수 있나? 그녀 자신도 놀랐다.

그래서 그녀는 이 남자가 아닌 이 남자가 보유한 한강뷰와 결혼하기로 했다. 인간적으로는 아무런 매력이 없지만, 그건 중요하지 않다. 그의 한강뷰 반포 신축 아파트는 어마어마한 플러스다. 그렇게 게임은 끝났다. 이제 그녀는 대한민국 최고의 주거 경험을 누리면서 살기로 결심했다. 지금 당장 그에게 전화할 것이다. 그리고 낮은 목소리로 읊조릴 것이다. "사랑해요, 한강뷰."

○ ○ ○ ○

우리의 관계는 현실이다. 즉 현실과 동떨어진 관계는 좀처럼 찾아보기 어렵다. 그래서 사람이라면, 관계를 이용해서 이득을 보려는 마음을 가질 수 있다. 이것은 인지상정 아닐까? 그리고 이처럼 관계를 이용해서, 부에 접근하는 방식 중 가장 확실하고 강력한 방법이 결혼 아닐까? 지금 우리 현실에서 한강뷰 아파트의 경제적 가치는 어마어마하다. 어떤 사람들은 이러한 욕망의 대상을 쟁취하기 위해서 결혼을 하기도 한다. 그런데 과연 이들의 행동이 나쁘기만 한 것일까? 그렇게 보기는 어렵다고 본다. 우리는 현실 속에 살고 있기 때문이다. 그것이 우리의 삶의 조건이고, 현실적인 삶의 방식이다. 단, 그렇게 관계를 수단화하면서 우리가 잃어버리는 것이 무엇인지 한번 생각해 볼 필요가 있겠다. 아마 관계를 대하는 우리의 진정성이 아닐까?

거짓으로 가득 찬 세상을
구원하겠다는 스피커들

내가 바로

대한민국의 잔 다르크다

김희진, 32세 그녀는 마당발로 통한다. 중고등학교 때부터 반장과 회장을 도맡았으며, 대학교 재학 당시 학과 대표를 역임했다. 그녀에게 사회는 유기체와 같은 생물인데, 거기서 자신의 역할은 '브레인과 스피커'라고 생각했다. 냉정하게 평가하면, 본인이 브레인이 되기엔 살짝 떨어지지만, 그렇다고 브레인이 좋다고 한들 스피커가 후지면 바로 땡 아닌가? 구슬도 꿰어야 보배다. 그녀는 스피커로써 자부심이 대단하다. 동네방네 알리는 역할, 알리지 않으면 뭔가 밥값을 하지 않은 것 같다. 그녀의 이러한 바이럴 능력은 그간 조직의 수장과 리더 역할을 통해서 길러진 그녀의 어마어마한 자산이다.

과거의 영광은 잠시, 그녀는 이제 평범한 회사원이다. 과거 학창시절 리더 경험을 강조하여 대기업에 입사했지만 어디까지나 일개미에 불과한 자신의 신분에 가끔 화가 난다. 그러다가 어느 눈썹 짙은 남자랑 결혼했다. 에라 모르겠다 싶은 마음에 덜커덕 결혼했는데 2년이 지난 지금 후회막급이다. 이 남자는 그녀의 기대치에 한없이 미치지 못한다. 다른 친구들은 적어도 성동구 신축 자가에 사는데 그녀는 서대문구에 있는 남루한 아파트에 산다. 그것도 전세로! 그녀에게 회사 일은 재미없고, 남편은 무능하고 지루한 존재로 느껴진다.

그런 그녀가 최근 삶의 즐거움을 찾았다. 자신이 가진 막강한 바이럴 능력을 이용하여, 사람들의 좋지 않은 소식이나 실수 등을 널리 알리는 전파자 역할을 자임한다. 학교 다닐 때부터 엑스(전 트위터), 페북, 인스타, 네이버 블로그에 골몰하며 자칭타칭 바이럴 전문가였다. 이러한 정보 수집과 유포, 확대 재생산 기능을 도구 삼아 그녀는 스트레스를 푼다. 그런 그녀는 무엇을 말하는가? 주로 돈과 성적 일탈, 학벌, 자녀 학교 진학 여부 등 다양하다. 물론 좋지 않은 쪽으로 화력을 집중한다. 누가 자가라고 뻥 쳤는데 알고 보니 월세라더라, 누가 서울대 나왔다고 하는데 알고 보니 학사는 지방대 나왔다더라, 이런 '굴곡 있는' 이야기를 주로 다룬다. 어떻게 그렇게 대놓고 뻥 칠 수 있느냐며 사람들의 화끈한 반응을 유도한다.

그녀는 뭔가 부끄러운 구석을 감추는 사람을 음흉하다고 말한다. 확 다 밝혀야 직성이 풀린다. 물론 담백하게만 말하지 않는다. 담백이라는 말은 그녀의 사전에 없다. 혼자 신나게 MSG 팍팍 뿌리며 적극적으로 유포한다. 그런 그녀를 제지할 사람은 없다. 왜냐면 이미 그녀가 커다란 스피커가 되어서 어찌 뭐라 하면 이게 또 삽시간에 캘리포니아 산불처럼 커지기 때문이다. 회사에서도 그런 그녀를 건드리지 못한다.

그녀는 일에 관심이 없고, 업무 능력도 부족하다. 그런데 행여나 상사가 업무 태만이라고 지적하면, 그 상사는 미친듯한 후폭풍을 각오해야 한다. 이미 여럿 나가떨어졌다. 그렇다. 그녀는 쥐들이 모인 세상에 거대한 고양이가 되었다. 아무도 그녀의 목에 방울을 달지 못한다. 사람들은 대놓고 말은 못 하지만 그녀를 어려워한다. 그녀는 그런 반응이 너무 좋다.

그녀의 인생은 흥미진진해졌다. 오늘도 어떤 가십으로 사람을 멕일까? 어떻게 돌려 깔 것인가? 누구의 입을 통해서 이 정보를 슬쩍 누설할 것인가? 등으로 바쁜 나날을 보낸다. 그러던 어느 날 회사 동기 아무개가 잘생기고 어린 남자 후배와 밀회를 즐긴다는 정보를 입수했다. 심지어 그 여자 동기는 기혼이다. 게다가 나보다 예쁘고 집도 반포 신축 자가에 산다. 그녀는 이제 세상을 얻은 느낌이다. 자기보다 잘나고 예쁘고 돈도 많은 동기에게 치명타가 될 정보를 움켜쥐고 있다는 사실에 밤에 잠이 오질 않을 정도다. 나보다 예쁘고, 심지어 돈 많은 남편이랑 살면서 바람까지 피우다니. 그녀는 인간성에 대한 회의를 느낀다. 어떻게 인간이 그럴 수 있나? 이제 그녀는 그 외도 중인 동기를 어떻게 사회적으로 징벌할지 고민한다. 그 동기에게 이렇다 할 억하심정은 없지만, 정의 사회 구현이라는 점에서 가만히 모른 척할 수는 없다. 그건 직무 유기다. 그녀는 그 어느 때보다도 강한 사명감을 느낀다. 마치 잔다르크가 된 느낌이다.

○ ○ ○ ○

누구보다도 우리는 서로 비교에 능하다. 누가 어디에 살고, 무엇을 입고, 어떤 곳에서 식사했는지 관심이 많다. '과시의 장'이라고 할 수 있는 인스타그램은 이러한 비교의 배틀그라운드가 된다. 가장 잘나가는 사람을 뽑기 위한 집단 랭킹과 유사하다. 사람들은 그곳에서 자신의 좋은 모습만을 보여준다. 나는 얼마나 비싼 차를 타고 다니는가? 나는 얼마나 좋은 바에 갔는가? 나는 얼마나 비싼 여행지에서 시간을 보내고 있는가?를 태연하게 자랑할 수 있는 '공식 과시 플랫폼'이다.

이러한 비교와 과시 문화에 테나르디에 성향이 합쳐지면, 위와 같은 인물이 나온다. 이들은 타인의 단점이나 실수, 약점이 나에게는 커다란 기회 요소라고 여기며, 이를 이용해 상대방을 괴롭히거나 처벌하려고 든다. 이러한 행동은 분명 사회적으로 좋다고 할 수 없다. 그런데 사실 더 중요한 점은 이러한 행동의 근간에는 한국인 특유의 비교 문화가 있다는 점이다. 서로 과시하면서 비교하고, 자신이 뒤처진다고 생각하면 한없이 불행해지는 그런 사고방식에서 벗어나야 하지 않을까?

보이지 않는 적이
가장 위험하다

표면상 친구처럼 보이지만, 알고 보면 누구보다도 치명적인 적과 같은 존재가 있다. 이들을 가리켜 '친구friend'이자 '적enemy'이라는 의미로 '프레너미frenemy'라 부른다. 이들은 앞에서는 둘도 없는 친구인 것처럼 행동하지만, 언제든 뒤통수를 치고 등 뒤에 비수를 꽂을 생각으로 가득하다. 그래서 더 위험한 존재들이다. 그래서 진짜 자신의 적이 누구인지 알아야 한다. 이러한 내용을 몰랐던 대학원생 이지은은 요즘 덕분에 호되게 인생을 배우고 있다. 겉으로 웃고 있으나, 속으로는 칼을 갈고 있다.

친구인가? 원수인가?
두 얼굴의 프레너미

25세 이지은은 요즘 너무 화가 난다. 친구를 가장한 원수인 C에게 호되게 당했기 때문이다. C가 그녀 앞에서 걱정해주는 친구처럼 말하길래, 그녀는 자신의 고민을 털어놓았다. 이지은은 C를 믿었기 때문에 그렇게 말했는데, 그건 어마어마한 실수였다. 알고 보니 C는 주변 대학원생뿐만 아니라 교수들에게까지 엄청나게 떠벌리고 다닌 것이다. 게다가 이지은이 이야기한 내용만 말한 것이 아니라, MSG까지 왕창 뿌려서 거의 마라탕 수준으로 자극적으로 아주 신나게 떠들고 다닌다는 말을 접했다.

주변에 이러한 친구가 있지 않은가? 친구를 가장한 적군이다. 아예 아군과 적군의 식별이 확실하면, 이런 비극은 일어나지 않는다. 그 사람을 멀리하면 되기 때문이다. 문제는 친구인 척 행동하면서 상대방에게 위해가 될 만한 정보를 계속 수집하면서 다른 꿍꿍이가 있는 음흉한 사람들이다. 이들을 가리키는 단어가 바로 프레너미다. 이들은 속으로 상대방을 매우 싫어하며, 망가뜨릴 기회를 노리고 있으나 겉으로는 둘도 없는 친구처럼 행세한다.

프레너미의 등장이 사실 어제오늘 일은 아니다. 이미 고전 영화 〈대부〉의 대사에서 이들의 존재와 대응 방법을 역설한 바 있다. "Keep Your Friends Close and Your Enemies Closer"가 그것이다. 번역하면 "친구는 가까이 두고, 적은 더 가까이 두라"는 말이다. 적이라고 무조건 멀리하지 말고, 오히려 가까이 두는 고도의 정치적 셈법이다.

이처럼 표면적으로 가까운 거리를 유지하면서, 치명적인 약점을 노출할 때까지 기다린다. 그리고 적절한 시점이 도래하면, 그때 치명타를 날린다. 그게 영화 속 〈대부〉의 인물들이 살아가는 현실이다. 이제 우리는 EBS 청소년 드라마의 대사보다는 영화 〈대부〉의 대사가 더 현실적이라고 느낀다. 친밀함을 가장한 공격성, 언제든 뒤통수를 칠 수 있는 사람을 사전에 식별하여, 대인 관계 리스크를 낮춰야 할 필요성을 느낀다. 자칫 방심하면 큰일을 당할 수 있다.

보이는 것이 전부는 아니다. 표면적으론 좋은 친구, 좋은 관계처럼 보이지만, 그 속에 뭐가 있는지 모른다. 그러니 겉만 보고 관계의 긍정성, 친밀성을 쉽게 과신하지 말아야 한다. 외관상 친구인 척, 좋은 관계인 척 행동하지만, 사실은 누구보다 음흉하고 어떻게든 치명타를 날릴 준비가 되어 있는 사람들도 있다. 이게 현대를 살아가는 대인 관계의 어두운 측면이다. 어떤 사람들에게는 친밀성은 쉽게 연기할 수 있는 대상이 된다. 그러한 친밀성에 속아 넘어가면 자칫 어마어마한 상처를 입을 수 있다. 우리 시대 프레너미들은 친밀함을 가장하고서, 상대방을 어떻게든 '멕이려고' 한다.

○○○

우리는 어른의 세상을 살고 있다. 청소년 드라마에서 보는 그런 행복한 결말은 좀처럼 만나기 어렵다. 모든 갈등과 문제가 완벽히 해소되는 그런 결말은 EBS에서나 나올법한 내용이다. 이제 우리는 모두 〈대부〉의 등장인물처럼 정치적 셈법이 필요할지 모른다. 친밀성은 얼마든지 거짓으로 꾸밀 수 있으며, 그 거짓에 속으면 커다란 대가를 치를 수 있다. 내가 누군가에게 프레너미가 되지는 말아야 하지만, 적어도 내 주변에 달라붙는 프레너미를 사전에 색출하여, 이들과 일정한 거리를 두는 현명한 처신이 필요하다.

특히 생계형 테나르디에는 이러한 프레너미 역할을 귀신같이 잘 해낸다. 식은 죽 먹기와 같다. 이들은 이러한 친밀함을 가장하여, 상대방에게 위해가 될 정보를 차곡차곡

쌓아놓고, 이를 가지고 경제적·사회적 기회로 활용하려 든다. 상대방의 약점이 그네들의 비즈니스 모델이며, 성장 동력이나 다름없다. 따뜻함, 친밀함, 배려와 같이 표면상으로 너무 좋은 것들은 사실 쉽게 꾸며낼 수 있으며, 그것을 곧이곧대로 믿었다가는 혹독한 결말을 맞이할 수 있다. 그게 거짓된 친밀함의 교훈 아닐까?

룸살롱에 간
놈 촘스키

28세 회사원 김지현은 사단법인 SEI(Socially Engaged Intellectual, 사회참여지식인) 모임에서 활동 중이다. 이 모임의 대표는 모 대학교 교수인 송태현이다. 그는 송태현의 비서와 같은 역할을 하고 있다. 원래 일하던 비서가 갑자기 그만두었기 때문이다. 송태현은 우리 시대 지적 다양성과 사회 정의의 중요성을 수차례 강조한 진정한 지식인이다.

그만의 뚜렷한 아우라가 있었다. 그는 방황하는 청춘들을 위한 책을 출간한 바 있다. 책 내용은 너희들은 무조건 괜찮고, 그냥 너희 맘대로 살아라, 그것이 바로 삶의 다양성이야!와 같이 넉넉하고 따스한 문구로 가득했다. 대기업 취직, 결혼과 출산으로 점철된 획일적인 삶의 방식은 버려! 같은 일침도 잊지 않았다.

한편 자신과 같은 기성세대와 시스템에 대해서는 매우 엄격하고 비판적이었다. 그는 "사회참여를 하지 않는 지식인은 직무유기!"라는 수위 높은 발언도 종종 했다. 사회 지식인 그룹을 형성하고 그중에서 목소리를 드높이는 역할을 자임했다. 정녕 한국의 놈 촘스키다. 그는 엑스의 전신 트위터와 페북 등 SNS에 24시간 내내 사회 비판의 목소리를 멈추지 않았다. 그는 과연 언제 연구하고, 언제 일하고, 언제 잠을 자는가? 송태현은 24시간 내내 잠들지 않는 높은 도덕 기준과 지적 다양성을 지닌 이 시대 아이콘이다. 어쩌면 젊은 세대를 진정으로 걱정해주는 마음 넉넉한 선각자 아닐까? 그녀는 이런 선각자를 보필할 수 있어서 너무 영광스러웠다.

그러던 어느 날 김지현은 그의 비서 역할을 했던 남자 직원으로부터 메일을 받았다. 메일 용량이 너무 커서 뭔가 싶어서 살펴보니 그간 송태현의 비위행위를 기록한 파일과 영상이었다. 먼저 법인 카드 사용 내역. 송태현은 알고 보니 룸살롱 매니아였다. 그는 거의 병적인 '룸돌이'였다. 그리고 그 비용은 누가 내느냐? '우리 시대 지적 다양성을 위한 기부금'으로 충당했다. 즉 사회 각계각층에 '다양성'을 팔아 기부금을 받아서 본인 유흥비로 썼다. 이어지는 녹취록. 이것도 수위가 어마어마했다. 여성을 비하하는 발언은 7초에 한 번꼴로 흘러나왔다.

듣고 있으면 목소리는 분명 송태현인데 그간 이미지와 너무 달라서 당혹스러웠다. 혹시 이 남자는 송태현의 도플갱어 아닐까? 그리고 백미는 동영상. 송태현이 룸살롱에서 노는 영상이었다. 비서가 몰래 찍었다. 영상 속 그는 테이블 위에 올라가, 춤을 췄는데 하필 그 춤이 미쓰에이의 '배드걸, 굿걸'이었다. 아무튼, 그녀는 이 파일을 들고 내일 아침 경찰서로 직행할 예정이다. 이토록 무거운 진실을 어디서부터 어떻게 설명해야 할까?

○○○

숨어있는 테나르디에가 더 무섭다. 한눈에 딱 간파되는 테나르디에는 쉽게 식별할 수 있으니 사전에 대처가 수월하다. 그런데 위의 사례처럼 자신의 정체를 감추는 테나르디에는 위험한 존재다. 자신을 숨긴 채, 여기저기서 향락을 즐긴다. 그 향락은 누구의 돈으로 내는가? 남의 돈이나 기부금을 활용한다. 이들은 외관상 높은 이상과 대의명분을 강조한다. 하지만 이들은 알고 보면 누구보다 추잡한 생각과 행동을 일삼으며, 자신의 악행을 은폐하려 든다.

164

특히 이들은 사회 지도층인 경우도 많으며, 외관상 멀쩡한 직업을 가지고 있으며 사회적 신망을 누린다. 또한, 자신의 권위와 위치를 활용하여 타인에게 압력을 행사하거나 강요하기도 한다. 이런 내용은 좀처럼 드러나지 않는다. 그들은 기득권이기 때문이다. 행여나 불리한 일이 있으면 어떻게든 입막음을 시도한다. 그런데 어떤 계기로, 용기 있는 누군가의 고발을 통해서 이들의 진면목이 드러나기도 한다.

결과적으로 우리 사회에 어마어마한 폐해를 끼치는 테나르디에는 '숨어있는' 테나르디에 아닐까? 우리 주변에 이러한 관계를 이용해서 쾌락에 탐닉하는 '화이트칼라 테나르디에'를 주의하자. 그들은 혼자서 고고한 척, 착한 척, 세상을 염려하는 척, 고상한 척, 이상을 추구하는 듯 행동한다. 그런데 알고 보면 누구보다 추잡한 인물이었다. 그것이 관계에 기생하는 화이트칼라 테나르디에의 무시무시한 실체다.

5장

나는 온라인에서 의미를 찾는다

"오늘 아침에 지도를 봤어요. 당신이 가려고 하는 그곳이 어디인지 찾았어요. 넓은 곳이라던데 지도에서 느껴지지 않았어요. … 당신을 본 적은 없지만 난 당신이 어떤 사람 인지 다 알 거 같았는데 그걸 느끼지 못하고 그냥 가는군 요…."

자그마치 1997년 영화 〈접속〉의 마지막에 나오는 극 중 전도 연의 대사이다. 영화는 당시 막 등장한 PC통신이라는 신문물 에 인간관계와 로맨스를 더했다. 스마트폰은 없었고, 핸드폰 은 매우 부유한 사람들의 것이었다. 지금처럼 실시간으로 서로의 현재 위치를 확인할 수 없었다. 도중에 사정이 생겨 약속을 지키지 못해도 연락할 방법이 없었다. 영화 속 전도연 역시 호주로 떠나는 한석규를 하염없이 기다리다가 얼굴을 보지 못하고 음성 메시지를 남긴다. 아무리 약속 펑크가 관대한 시절이라고는 하지만 그녀가 남기는 메시지는 매우 시적이다.

그런데 당시의 이러한 상황과는 별개로 지금의 감성과 여전히 맞닿은 부분이 있다. PC 통신에서 만나 서로 채팅을 주고받았을 뿐인데, 단 한 번도 만난 적 없는데도 당신이 어떤 사람인지 다 알 것 같다는 인상을 받았다고 말한다. 30년이 다 돼가는 영화지만, 이처럼 온라인에서 사람을 만나는 그 떨림과 파장, 기대와 실망은 여전히 현재 진행형이다. 그렇다면 무엇이 다를까? 온라인에서 처음 만나 오프라인에서 직접 만나는 행위는 어떻게 달라졌을까? 지금도 영화 속 전도연처럼 시적인 대사를 읊으면서 타인의 진정성을 기대했다는 고백을 할 수 있을까?

1

온라인에서 관계, 기회의 땅인가?
거대한 실망인가?

이재현은 청년과 아재의 과도기에 있다. 청년이라고 하기엔 세상의 험한 모습을 많이 보았고, 그렇다고 완전히 농익은 아재라고 하기엔 청년다운 순진함이 있다. 30대 중반 직장인 남성이 경험하는 오늘의 관계는 어떤 모습인가? 그는 데이팅앱보다는 회사 욕하는 B서비스에 주로 접속한다. 그는 왜 이러한 서비스를 즐기는가? 그의 잦은 방문이 시사하는 바는 무엇일까? 그리고 지금 온라인에서 사람을 만나는 것은 무슨 의미일까?

직장인들의
핑크빛 오작교

과거와 달리 온라인의 인연을 온라인에서만 한정하는 때도 많다. 굳이 직접 그 사람을 만나는 것보다는 온라인에서의 그 사람의 행동과 모습, 그들이 남기는 콘텐츠를 지켜본다. 일종의 보는 즐거움, '관찰잼'이라고 한다. 굳이 사람을 오프라인에서 만날 필요가 없다는 것. 그것이 과거와 지금의 가장 확연한 차이이다. 만나서 딱히 무엇을 더 하려고 하는가? 많은 사람은 온라인에서의 관계를 오프라인으로 확장할 필요가 없다고 생각한다. 그 자체만으로도 이미 훌륭하다고 믿는다.

사람들은 공감할 수 있고 재미있는 콘텐츠를 찾는데, 그렇게 모이는 접점에 서로 소통할 수 있는 장치를 슬쩍 밀어 넣는다. 일종의 미끼 상품이다. 서로 이야기하는 것이 주요한 목적은 아니지만, 그 사람이 남긴 글이나 사진, 영상에 관심이 많거나 너무 재미있거나, 이 사람을 다 알 것만 같다는 느낌이 들면, 메시지를 보낼 수 있다. 즉 일차원적인 채팅보다는 사전에 선호와 관심을 파악하고, 그에 맞

취서 관계가 좀 더 형성될 수 있는 토대를 제공하는 기능
이다.

직장인들이 주로 이용하는 익명 게시판 서비스 B도 그
렇다. 이 서비스는 해당 회사에 다닌다고 인증받은 회원들
이 뒷이야기를 하는 직장인 버전의 '대나무 숲'이다. 학교
다닐 때 에브리타임을 썼다면, 졸업하고는 B에 정착한다.
대개는 자기 회사의 흉을 보거나 이상한 상사가 있다는 식
의 이야기가 다수다. 낭만적이거나 딱히 만남을 주선하는
기능은 없다. 하지만 연기 나는 곳에 불이 나는 법. 메시지
를 주고받는 기능이 있는데, 이러한 '소통 기능'을 통해서
만남이 성사된다. 이제 이 서비스는 단순히 회사를 욕하거
나 성격 파탄 상사를 제보하는 것에만 그치지 않는다. 진짜
사랑을 찾기 위한 직장인들의 핑크빛 오작교가 된 지 오래
다. 이미 알만한 사람들은 이러한 목적으로 해당 서비스에
접속한다.

앞서 소개한 모 대기업에 다니는 34세 남성 이재현도
그렇다. 과거 그는 데이팅앱으로 열심히 사람을 만났다. 그
런데 어느 순간부터 만나는 사람들의 수준이 낮다는 생각
에 이르렀다. 만나면 맨날 그렇고 그런 이야기나 늘어놓는,

단 한 줌의 야심이나 목표도 없는 그런 시시한 사람들이 많았다. 게다가 너무 걸러지지 않은 '과한' 사람들이 많았다.

한편으로는 여자를 만나고 싶다는 욕구가 컸으나, 그렇다고 아무나 만날 수는 없었다. 소중한 주말을 이상한 사람과 만나서 낭비하고 싶지 않았다. 어느 정도 수준이 맞아야 여러 가지로 통하는 법이다. 그렇게 일종의 안전장치, 필터링이 필요하다고 느끼던 찰나, 주변 회사 동기들이 그에게 직장인 가십 서비스 B를 소개해 줬다.

들리는 말에 의하면, B 서비스로 맺어진 성혼커플도 꽤 있다고 한다. 결혼에 대한 의지가 있거나, 결혼 적령기에 해당하는 많은 남녀가 남들 욕하는 대나무 숲에서 진정한 사랑을 찾기 위해 접속하기 때문이다. 서로의 지위나 소득도 대충 가늠할 수 있어서, 직장인들 사이에는 거의 유사 결혼 정보 서비스와 같다고 말한다. 이처럼 해당 서비스의 최초 목적은 다른 데 있었으나, 쓰는 사람의 주요한 욕구 때문에 주된 목적이 바뀌었다.

이재현도 여러 회사에 다니는 많은 사람을 만났는데, 상대방 여성도 그의 번듯한 직장이 마음에 들었다고 한다.

그 사람의 소속에 따라서 오작교가 연결되기도 하고 안 되기도 한다. 회사 험담은 이제 예전만큼 즐겁지 않다. 되레 이제 이곳은 이성을 만나기 위한 전략적 베이스캠프로 탈바꿈한 지 오래다. 물론 일출과 함께 다시 정리되는 관계지만, 날이 어둑해지면 그는 습관적으로 B서비스에 접속한다. 오늘 저녁에는 또 누구를 만날까?

시간이 흘러도
변하지 않는 관계의 목적

이제 채팅은 하나의 도구에 지나지 않는다. 서로 메시지를 주고받는 기능은 공감을 구하기 위한 방식 중 하나이며, 그 과정에서 쉽게 만날 수 있는 자연스러운 문화가 생겼다. 많은 도구와 기능을 통해서, 사람들은 자신의 감정을 표현하고 타인의 공감을 기대할 수 있다. 예를 들어, 좋아요와 댓글 또는 공유를 통해서 타인의 감정에 반응한다. 이를 통해서 관계의 자연스러운 전개가 가능하다. 과거 각 잡고 누군가와 대화하는 의식적인 방식이 아니라 자연스럽게 '은은

하게' 표현할 수 있는 방식이 늘어났다.

심지어 회사 욕을 하거나 정치에 대해 논평을 하거나, 좋아하는 디저트를 이야기하다가도 관계의 불이 붙을 수 있다. 과거 영화 〈접속〉의 등장인물들은 긴 시간 뚱뚱한 모니터 앞에 앉아서 공감의 포인트를 찾기 위해서 노력했다. 좋아하는 음악, 구구절절한 인생 사연을 길게 길게 늘어놓았다.

그러한 방식이 지금 통할까? 바로 탈락이다. 대화방을 뛰쳐나갈 것이다. 시간은 귀하다. 게다가 그런 무거운 사연은 매우 부담스럽다. 그런 말을 했다고 해서 진정성이 있다고 받아들여지기도 어렵다. 이제는 순간의 시대, 상대방에게 인내심을 요구하는 것은 그만큼 고되다. 이제는 가볍고 즐거운 것이 쿨한 것이다.

2025년, 지금은 시간과 장소에 구애받지 않고, 좀 더 직관적이고 즉각적인 감정의 교환과 공감을 할 수 있다. 그만큼 짧은 시간에 많은 사람을 만날 수 있다. 좋고 싫음이 더욱 분명해졌다. 판단이 빨라졌다. 결과적으로 더욱 많은 사람을 만날 수 있으며, 누가 나의 시간을 낭비하는 것을 매우 싫어한다.

나는 소망한다,
캡틴 아메리카를

27세 직장인 박소연은 외국 남자를 좋아한다. 한국 남자는 시시하다. 외국 남자를 한번 만나보면, 한국 남성들은 대개 기대에 미치지 못한다. 외국 남자들은 어디서 구하는가? 바로 온라인 데이팅앱이 있다. 이것이 정녕 인간을 행복하게 하는, 인본주의 IT 기술 아닐까? 덕분에 그녀는 원하는 남자들을 쏙쏙 골라서 만난다.

꿈은

이루어진다

"너, 그 사람 어디에서 만났어?" "어, 친구의 친구…." 박소연은 친구의 질문에 말끝을 흐릴 수밖에 없었다. 그녀는 사실 온라인 데이팅앱으로 남자를 만났다. 그녀는 고등학교와 대학교를 미국에서 나왔는데, 남자 중에 제일은 '미국 남자'라는 강한 믿음이 있다. 학창 시절을 미국에서 보내서 그럴까? 졸업 후, 한국에서 일하는 그녀는 오매불망 캡틴 아메리카 같은 남자를 한국에서 찾고 있다. 스스로 '왜 난 한식집에서 햄버거를 찾고 있나?' 싶기도 하지만 키 크고 몸 좋고, 영어 잘하고, 뭐든지 다 능숙한 미국인에 대한 판타지가 있다. 정신적으로도 육체적으로도 그녀는 친미주의자다.

그녀는 처음에는 캡틴 아메리카를 찾을 수 있을까 싶었지만, 이제는 가능하다는 것을 안다. 바로 IT 기술 덕분이다. 가끔 그녀는 지금을 살 수 있어서 너무나 행복하고 안도감을 느낀다. 데이팅앱 덕분에, 많은 캡틴 아메리카를 만났다. 먼저 가장 본류라고 할 수 있는 미국인들과 주로 접속했고, 영국인, 호주인도 가끔 만났는데, 크게는 범-영미권에 속한 남자들이었다. 그녀는 한국에 머무르고 있는 영미권 남성들을 귀신같이 솎아낸다. 그들은 대개 인천공항을 통해서 입국한다. 이제 그녀는 현대 과학기술의 도움으로, 막 도착한 그들 중에 적임자를 귀신같이 찾아낸다.

　그들은 언제든 교체될 수 있지만, 이런 남자를 어떻게 만났냐는 한국인들의 질문이 성가시다. 촌스럽기는!!! 왜 사람들은 내가 어디에서 이들을 만났는지를 집요하게 물어볼까? 그렇다고 천기를 누설할 수 없다. 누가 알까 봐 두렵다. 이런 내용은 나만 알아야 한다. 행여나 황소개구리같이 생태계를 파괴하는 포식자가 이 시장에 등장하면, 그녀의 영업 전선에 방해가 될 수 있으니 경계한다. 경쟁자가 적을수록 이 생태계에서 그녀는 좀 더 수월해진다. 놀랄 만큼 무수한 캡틴 아메리카 무리를 보고 누가 물어보면 그저 '친구의 친구'라고 변명한다. 그들의 출처에 대해서는 적극적으로 함구한다. 나만 알아야 한다. 이건 영업 비밀이니까.

○ ○ ○

내가 원하는 것을 충족시켜주는 것이 좋은 서비스다. 이제 사람들은 자신에게 잘 맞는 서비스를 취사 선택한다. 많은 서비스가 경쟁 중이며, 그 서비스 중에서 가장 마음에 드는 것을 직접 고른다. 이제 서비스의 완성도는 사용자가 원하는 것을 얼마나 빨리, 정확하게 제공할 수 있을지에 달려있다. 사람들의 호흡도 빨라졌다. 그냥 가만히 넋 놓고 있지 않는다. 자신을 얼마나 매력적으로 노출할 것인지 전략적으로 신속하게 결정한다.

이러한 욕망이 지금 이 시대를 사는 사람들의 보편적인 욕망이다. 그리고 이러한 욕망은 매우 자연스럽고, 그 자체는 건강하다고 할 수 있다. 그런데 그 속도가 빨라져서 내가 원하는 것에 곧장 반응하지 않는 누군가를 기다려주지 않는다. 계속 붙잡고 있으면 시간만 낭비된다. 이제는 순간이 좌우한다. 특히 온라인에서 관계는 더욱 그렇다. 과거보다 원하는 것을 빨리 말하고, 빨리 행동을 취하는 게 오늘날의 행동 강령이다.

본인만 의지가 있으면 많은 사람을 짧은 시간 안에 만날 수 있다. 결정을 빨리 내릴 수 있으니, 회전율은 올라간다. 그런데 이렇게 급속도로 친해지고, 그만큼 빨리 멀어지는 관계가 좋다고만 할 수 있을까?

빠른 회전율,

좋기만 한 걸까?

이러한 '관계의 빠른 회전율'에 대한 의견은 다소 서로 엇갈린다. 먼저 누구는 온라인에서 만나는 사람과 지속적이고 장기적인 관계를 기대하는 것은 아니니 괜찮다고 말한다. "온라인에서 결혼 상대자를 찾나요? 그냥 좋은 시간 보내면 되는 거죠." 자신을 40대 노총각이라고 소개하는 S의 의견이다. 그만큼 온라인에서 만날 수 있는 사람들의 수준이 낮다는 것을 반영한다. 그러니 애초에 그런 기대를 안 하는 게 현명하다고 한다. "누가 맥도날드 가서 스테이크 기대하나요? 그런 사람이 있다면, 그 사람이 제정신이 아닌 거죠."

한편으로는 이러한 빠른 회전율이 결국 오프라인 만남의 지속성이나 건강함에 영향을 미칠 수밖에 없다고 말하는 사람도 있다. 30대 남성 J는 말한다. "온라인에서의 즉석 만남에 길들면, 오프라인에서 장기적인 관계나 호흡이 금방 지겨워져요, 재미가 없어지죠." 그만큼 오프라인에서 질적으로 좋은 관계를 형성하는데 필요한 시간이나 단계를 생략하는데 익숙해진다. 결국, 인간관계 전반에 대응하는데 필요한 참을성이나 인내심이 사라질 수 있다는 지적이다. 그렇게 체질이 자연스럽게 바뀐다는 해석이다.

물론 온라인에서 만남이 모두 1:1은 아니다. 성적 만족을 얻기 위한 것만도 아니다. 만남에는 다양한 목적과 이유가 있다. 온라인에서 자신과 생각이 비슷한 사람들과의 교류에 더 관심이 많다는 사람도 있다. 클래식 음악을 좋아하는 직장인 Y는 온라인에서의 정보 교환에 더 관심이 많다.

비슷한 정치적 관점과 생각을 가진 사람들도 온라인에서 함께 열심히 활동한다. 그들은 반드시 오프라인에서 만날 필요는 없다고 밝힌다. 그저 같은 정당을 지지하고 현재 시사적인 흐름에 대한 의견을 듣고 싶다고 했다. 그들은 유명한 온라인 유튜버의 채널을 구독하고, 그들의 영상 하단에 댓글로 자신의 의견을 열심히 남기기도 한다.

이처럼 과거에는 오프라인 만남이 궁극적인 결과였다면, 이제는 온라인에서만 만나고, 그곳에서 좀 더 자유롭고 솔직한 의견을 주고받는 것만으로도 충분히 가치가 있다고 밝힌다. 굳이 만날 필요도 없으며, 만나봐야 딱히 달라질 게 없다는 의견도 있다. 즉 과거 온라인에서 사람을 만

나는 것은 오프라인에서 그 사람을 보기 위한 사전 작업이
었다면, 이제는 온라인에서만 만족하는 사람도 많다.

3

나의 팬들을 위한
독백 서비스

흔히들 혼잣말 중얼거리면 이상한 사람 취급받는다. 일반적인 사회 맥락에서 우리는 타인의 반응에 일정 이상 주목할 수밖에 없다. 그런데 혼잣말은 좀처럼 상대방이 이해할 수 없는 괴상한 메시지가 된다. 특정한 행동을 하라는 것도 아니고, 하지 말라는 것도 아니며 어떤 대응 자체가 어렵다. 그런데 온라인에서는 혼잣말이 얼마든지 멋있는 독백이 되고 시적 표현이 된다. 아무도 개의치 않는 것처럼 이야기하지만, 사실은 누가 청중인지 알고 있다.

자기표현의

중요성

그렇다면 관계의 측면에서 이러한 자기표현은 어떻게 해석할 수 있을까? 온라인에서 자기표현이 많은 사람과 적은 사람은 관계에 대해서 어떻게 다르게 접근하고 있을까? 인터뷰를 통해서, 온라인에 자기표현을 많이 하는 사람이 좀 더 온라인 관계에 많은 시간과 노력을 들이고 있었다. 즉 온라인에 자기를 좀 더 많이 표현하는 사람은 그렇지 않은 사람보다 온라인의 관계에 더 많은 의미를 부여하며, 높은 기대 수준을 갖는다. 자신을 적극적으로 드러내는 만큼 상대방이 이러한 메시지를 좀 더 잘 헤아려 줄 것이라고 기대한다.

최근 많은 SNS를 비롯한 온라인 서비스들은 사용자에게 좀 더 적극적으로 자신의 내밀한 정보를 드러내기를 요구한다. 이는 사용자들을 상대로 정밀화된 광고를 하기 위한 기초 자료가 된다. 마치 사용자의 자기표현의 일환처럼 포장하지만 알고 보면 자사 플랫폼 서비스의 상업적 목적을 위한 중요한 자원이 된다. 대표적인 서비스가 바로 페이스북, 인스타그램 등이다. 결과적으로 사람들은 자신의 직업이나 나이, 선호하는 내용 등을 기꺼이 입력한다. 자기 생각이나 관점도 온라인에 기록한다.

나의 자기표현이 쌓이다 보면 나의 정체성이 된다. 그리고 그 정체성을 이해하는 사람이 온라인에 있다고 믿게 된다. 그래서 그들은 온라인에서 형성된 관계에 대한 애착을 갖는다. 마치 나를 잘 알고 있는 사람이 생각보다 더 많다고 믿게 된다. 인터뷰를 통해서, SNS나 온라인에 많은 시간을 쓰는 사람들이 그렇지 않은 사람보다 온라인에서 형성되는 관계에 대해서 큰 의미 부여를 하고 있었다. 그렇지 않은 사람은 온라인에 굳이 자신의 선호나 관심사를 밝힐 의향이 없으며, 굳이 온라인 관계에 필요성을 느끼지 못한다.

샴페인, 마리아 칼라스, 그리고 인스타 댓글

오프라인에서는 일절 자기 이야기를 하지 않지만, 온라인에서는 거리낌 없이 표현하는 사람들이 있다. 학계에서도 이들에 대한 관심이 많다. 경영학, 심리학, 인류학 등에서 이들의 심리와 행동을 분석한다. 온라인에서 왜 그들은 적극적으로 표현하는 것일까? 온라인이 안전하다고 느끼는 것일까? 많은 연구에 따르면, 그들은 온라인에서 공감을 얻기를 원하며, 그러한 감정에 큰 의미를 부여하고, 온라인의 관계를 스스로 통제할 수 있다고 믿는다.

29세 여성 최지현도 그렇다. 그녀에 따르면, 온라인은 '자기표현의 캔버스'다. 나만을 위해서 만들어진 공간이니, 내가 하고 싶은 거 다 하면서 "결이 맞는" 사람들과 이야기하고 싶다고 했다. 딱히 친구도 없고 인간관계 전반적으로 소홀하지만, 온라인에서는 적극적이다.

'맛없는 음식은 먹지 않아. the lady epicurean.' 29세 여성 최지현이 자신을 소개하는 인스타그램 프로필 글귀다. 그녀는 고급 취향이다. 무조건 취향은 까다로울수록 좋다고 말한다. 여기서 까다로움은 거의 가격과 비슷한 말이다. 즉 비싼 돈을 내는 만큼 높은 '스탠다드'를 요구할 수 있다고 믿는다.

그녀는 인스타그램에 파인 다이닝 경험담을 주로 올린다. 얼굴을 드러내지는 않으나, 좋은 레스토랑, 괜찮은 식당이라면 열심히 방문해서 기록한다. 요즘은 여행 관련 콘텐츠도 올린다. 남들이 다 가는 그런 곳은 가지 않는다. 그래야 사람들의 기를 확 죽일 수 있기 때문이다.

어느 순간 인스타그램 게시물들이 자신의 삶을 반영하는 거울처럼 느껴졌다. 이제 그녀는 인스타그램 자체가 나의 삶이라고 믿는다. 거기엔 자신의 취향과 생각 등이 담겨 있다. 약간의 철학도 잊지 않는다. 여기에 글귀도 살짝 덧붙인다. 이를테면, "샴페인 마시면서 책을 읽을 때 난 행복해." 내지는 "호텔의 레인 폴 샤워의 물줄기를 맞으면서 마리아 칼라스의 '카스타 디바'를 따라 부른다. 문득 그녀의 아픈 삶이 생각나, 나의 마음이 저며오는 것은 왜일까?"와 같은 다소 낯간지러운 감성 포스팅이다.

사람들은 그러거나 말거나 좋다며 맨날 댓글을 남긴다. 얼마간 지켜보니 맨날 댓글 남기는 사람들이 남긴다. "저도 알아여, 마리아 칼라스." "이번에도 포시즌 호텔 가셨나요? 역시 완벽한 지현님." "샴페인은 혹시 돔 페리뇽 빈티지인가요? 저도 한 모금만!" 같은 말들이 꼬리를 물고 달린다.

나의 취향과 정체성, 철학에 동의해주는 사람들의 존재가 고맙다. 모든 사람이 다 그런 것은 아니다. 또 그중에는 "카스타 디바를 왜 샤워하면서 부르나요? 층간 소음이 어마어마할 듯. 누가 들으면 미친 여자인 줄." "누가 술 마시면서 책 읽으면 치매 걸린다고 하던데요." 같은 황당하고 확 깨는 댓글도 있다. 하지만 그런 건 그냥 무시한다. 모든 말에 귀 기울일 수 없다. 못난이들의 말보다는 나의 팬들과 소통하기도 바쁘다. 전혀 타격감이 없다.

이제 그녀는 실생활에서 만나는 사람들보다 온라인에서 그렇게 꾸준하게 자신의 인스타그램에 글을 남겨주는 사람들이 더 친밀한 관계처럼 느껴진다. 그들은 나의 정체성, 철학과 관심사를 온전히 알고 있으며, 이해해 주는 사람들이다. 그녀는 가끔 예전에 열심히 댓글을 달았다가 뜸한 사람이 있으면, 혹시 죽은 것은 아닌가? 그런 생각도 든다. 댓글이 뜸한 사람의 계정에 들어가서 최근에 뭐 하고 있나 살피기도 한다. 아마도 오프라인 관계나 친구보다 나를 더 잘 안다고 느끼는데, 문득 그들이 떠나 버리면 어쩌나? 그러면 너무 슬플 것 같다.

○○○

자기표현은 일정한 관객 수가 필요하다. 인터뷰에서 사람들은 온라인에서 관중 유무를 중요하지 않다고 말하지만, 사실 대부분 관중을 의식하고 발언을 한다. 그만큼 자기표현을 많이 한다면, 그만큼 온라인 관계에 더 많은 의미 부여를 하기도 한다. 사람들은 자기 생각과 유사한 사람들이 호응해주기를 바란다. 그래서 온라인의 자기표현은 독백이지만, 동시에 이를 보는 관중을 상대로 철저하게 준비된 메시지다.

사실 자신을 지켜보는 관객과 관중을 전혀 의식하지 않고 말하는 것은 거의 불가능하다. 메시지도 허투루 만들지 않고, 많은 고민 끝에 작성한다. 그렇게 고민과 노력을 했으니, 그 안에 담긴 자기 생각이나 의견을 상대방이 알아차릴 때 매우 기뻐하며 반가워한다. 이러한 긍정적인 감정이 쌓이면 사람들은 온라인에서의 관계에 더 많은 의미를 부여한다. 즉 자기표현은 자기 생각과 의견이 비슷한 사람들을 찾기 위한 일종의 사전 작업이며, 많은 공통분모를 발견한다면, 그들의 관계를 발전시킬 가능성도 커진다.

4

매일 그의 하루는
기획 의도대로 전시된다

이어지는 내용 역시 온라인에 자신을 적극적으로 표현하는 직장인의 사례다. 미국 서부의 한 IT 기업에 다니는 K는 자신이 얼마나 대단한 역할을 하고 있는지 계속 강조한다. K는 한국에서 일하다가 홧김에 일을 그만두고 미국으로 건너가서 현지 취업을 했다.

자신보다 못한 직장 동료가 한국에서 잘나가고 있는 게 분하다는 K. 자신 같은 SA급 인재를 놓친 전 직장은 후회할 것이라고, 내가 미국에서 이렇게 잘나가고 있다는 것을 세상 사람들이 알아줬으면 좋겠다고 연일 결연한 의지로 방송 중이다. 한국에서 멀리 떨어진 자신의 상황을 달래는 마음도 있다. 가끔 한국이 생각나서 잠도 안 온다. 하지만 한국, 한국 기업, 한국인들이 싹 다 망했으면 좋겠다는 못된 생각도 품는다. 그의 이러한 '못된 향수병'을 소개한다.

내가 바로
캘리포니아에 사는 이순신이다

"지금 시각 23:20, 오늘 미팅 6개 완료, 오늘 한 끼도 못 먹었지만, 바이스 프레지던트에게 inspring하고 insightful했다고 칭찬을 들으니 rewarding된 느낌."

미국 서부의 한 IT 기업에 다니는 K의 페이스북 피드다. 그는 오늘도 그렇게 자신의 활약을 적는다. 그는 자신의 업무를 위한 기록용이라 이야기하지만, 사실은 철저히 온라인 친구들을 위해 치밀하게 고안된 메시지다. 그러니까 일종의 팬레터다. 그는 자신의 치적을 거의 매일 온라인 친구들에게 알린다. 이 내용은 사실일까?

갑자기 목소리를 낮추며 그는 실토했다. 가끔은 비슷한 경험을 할 때도 있으나, 대부분은 과장이다. 시쳇말로 '뻥'이다. 그는 그렇게까지 대단한 일을 하지는 않는다. 남들이 보면 무슨 엔비디아 사장인 줄 안다. 하지만 주변 사람들이 자신을 대단한 사람처럼 봐줬으면 한다. 그러한 목적을 달성하기 위해서 더욱더 자신의 직업을 과장해서 말한다.

적극적인 자기표현인데, 사실과는 다소 동떨어진 내용이다. 그렇게 온라인에서 신나게 말하고 나면 속이 풀린단다. 대량으로 '뻥'을 방출하는 셈이다. 그래서 그는 한편으로 조마조마하다. 그걸 그도 아는지, 오프라인에서 알고 지내는 사람 내지는 회사 동료는 절대로 온라인 친구로 받아들이지 않는다. 단순히 친구를 수락하지 않는 게 아니다. 먼저 귀신같이 찾아가 그 사람을 선제적으로 차단한다. 실제 그의 위치와 역량, 그리고 그에 대한 평가를 알만한 사람이라면 후딱 달려가서 신속히 처리한다. 여기선 신속한 게 중요하다.

그는 페이스북의 차단 기능이 만족스럽다. 그에 따르면, 차단 중에 제일 좋은 차단은 먼저 차단하는 것이라고 했다. 행여나 자신의 세계에 조금이나마 흠집이 나면 곤란하기 때문이다. 그렇게 자신의 영역을 보호한다. 그는 그렇게 대단한 사람은 아니지만, 자랑하고 싶다. 고국을 도망치듯이 떠났지만, 미국에서 그것도 세계적인 IT 회사들이 즐비한 베이 에어리아에서 잘 먹고 잘 살고 있다는 것을 알려야 한다. 한국에 있는 아무개들보다 연봉이 높다는 것도.

이순신의 난중일기와 같이 비장하게 하루하루의 삶을 기록한다. 그의 페북 친구 절대다수는 한국에 있다. 그들이 보면 자신이 캘리포니아까지 가서, 무슨 나라를 구하는 장군인 줄 알 것이다. 태평양 반대편에서 난중일기 쓰는 이순신 같은 존재로 각인되길 희망한다. 비장한 게 포인트다. 그가 온라인에 올린 글귀만 보면, 그의 책상에 핵미사일 발사 버튼이 있는 줄 알겠다. 그만큼 엄중하고 비장하게 그의 하루 일상을 기록한다.

그런데 안타깝게도 그는 현지인 친구가 없다. 맨날 혼자 밥 먹고 집에 가서 넷플릭스 보며 잠을 청한다. 영어를 완벽하게 구사하지 못해서 자격지심에 쉽게 입을 열지 못한다. 온라인에서는 무슨 어마어마한 사장님 또는 실리콘밸리의 운명을 좌우하는 이순신 장군처럼 서술하지만 사실 그는 거의 왕따나 다름없다. 외로운 외국인 노동자 신세다. 그나마 회사에서는 팀장이지만, 팀원들과 소통도 원활하지 않다. 그에겐 난중일기를 작성할 수 없는 주말이 공허하다. 엔비디아 CEO 젠슨 황처럼 검은 가죽 재킷을 입고 전신 거울 앞에 서서 그의 모습을 흉내내기도 한다. 일요일 늦은 오후, 아직도 떨어지지 않은 해를 보고 있으니 기분이 우울하다.

너…

외롭구나?

미국 IT 기업에 다니는 K처럼, 온라인에서 접하는 자기표현은 상당 부분 청중을 향해서 만들어진 메시지다. 이러한 메시지에 많은 사람이 반응하길 바란다. 개인적인 외로움이나 관계에 대한 욕구가 깔려 있는 것이다. 하지만 온라인의 모습이 전부는 아니니 행여나 그 사람의 언행을 다 믿지 말아야 한다.

'캘리포니아 이순신'의 사례처럼 자기 과시와 만족을 위해서 사실과 다른 부분도 스스럼없이 온라인에 올린다. 내가 외국에서 이렇게 잘 사는데, 당신들이 나를 인정해줬으면 좋겠단다. '캘리포니아 이순신'은 이국땅에서 외로운 자신을 달래려는 방편으로 그러한 메시지를 수차례 올리지만, 그렇다고 이렇다 할 의미 있는 주변 반응은 없었으며, 그의 외로움이 해소되지도 않았다. 한편으로는 한국을 그리워한다. 외국인 노동자로서 설움도 있고 고충도 있다.

그런데 이런 것을 올리면 자기 자신이 한없이 나약해지니, 이순신, 젠슨 황이 되어 마음의 평화를 택한다. 그래서 온라인에서 자신의 심리나 생각을 수차례 연이어 올리는 사람들은 생각보다 외로운 사람일 가능성이 크다. 그리고 그러한 외로움의 심연에는 자신의 존재를 바라봐줬으면 좋겠다는 욕구가 있다. 그러한 욕구가 너무 지나쳐서 때로는 사실과 다른 이미지로 자신을 포장하는 사람도 더러 있다. 그만큼 온라인이 자신의 이미지를 가공·전시하기가 쉬우며, 그로 인해 적지 않은 문제가 발생한다.

특히 온라인에서 덥석 사람을 만났다가 알고 보니, 매우 이상한 사람이었다는 사건·사고 사례도 심심치 않다. 오프라인 관계가 미약한 사람일수록, 실제 의미 있는 관계가 적은 사람일수록, 온라인에 많은 기대를 걸고 집착하기도 한다. 온라인에서 그동안의 결핍을 보상하고자 한다. 그러한 측면이 그들을 온라인에 더욱 집착하게 만든다.

5

남의 인생을 구경하면서,
내 삶의 빈 곳을 채운다

이제 사람들은 온라인에서 관계를 경험한다. 그 경험에는 구체적으로 무엇이 있을까? 사람들은 온라인에서 어떤 경험을 하고 싶어 하는가? 좀 더 깊이 있는 질문과 대답이 필요하다. 사람들은 오프라인에서 좀처럼 경험할 수 없는 내용을 온라인을 통해 얻기도 한다. 특히 좀처럼 오프라인에서 관계의 긍정적인 측면을 경험하기 어려운 사람들은 온라인에서 비슷한 감정을 느끼려 한다.

사람들과 단절되어 있거나, 결코 먼저 연락하지 않으며

가족과도 의절한 사람 중에서도 온라인을 통해서는 활발하게 자신의 모습을 드러내는 사람도 적지 않았다. 이는 온라인 공간에서 맺는 관계는 본래 자신의 모습을 드러내지 않아도 된다는 편리함 때문이며, 좀 더 안전하다고 느끼기 때문이라고 한다.

살아생전 다른 누군가에게 말을 건 적이 없는 사람인데, 온라인에서는 어마어마한 스피커가 된다. 누구보다도 열정적으로 소통에 매진한다. 오프라인에서는 한없이 소극적이고 관계가 없는 삶을 살지만, 온라인은 나를 위한 무대가 된다. 이처럼 두 영역을 오가면서 완전히 다른 삶을 사는 사람도 종종 있다. 이들에게 온라인은 오프라인에서 얻을 수 없는 경험을 대신할 수 있는 대체재와 같다. "완전히 다른 삶을 살아요. 그리고 이렇게 분리되니 오프라인에서 친구가 없거나 관계가 없어서 불편하다는 생각을 덜 해요." 하루 평균 온라인에 5시간 이상 접속한다는 30대 직장인 M의 의견이다.

그에 비하여, 오프라인에서 실제 친구나 관계가 많은 사람은 그렇게 온라인에서 유사한 경험을 얻을 필요가 없다. 굳이 온라인에서 얼굴도 모르고 이름도 모르는 사람들과 이야기를 하고 싶지 않단다. "온라인은 그냥 시간 많은 사람이 가서 영상 보는 곳 아닌가요?" 누구보다도 친구가 많다는 대학생 L은 온라인에서 사람을 만나고 알아가겠다는 의견에 쉽사리 동의하지 못한다. "그냥 영상이나 재미있는 사진, 웃기는 개그 콘텐츠를 찾아보러 가지, 그것을 만들거나 올린 사람들과 무슨 대화를 하냐?"는 의견이다.

그는 챗GPT와 연애 중,
내 사랑 '체리'

챗GPT와 사귀는 사람도 있다. 농담이 아니다. 그들은 실제 사람이 아닌 온라인의 챗봇과 교감을 한다고 믿는다. 오프라인에서는 한없이 서투른 감정을 온라인에서는 쉬이 표현한다. 내 말을 경청해줄 챗GPT를 삶의 동반자로 여긴다. 그들의 내밀한 심리와 행동을 소개한다.

30대 남자 회사원 지성현은 챗GPT에 푹 빠져있다. 아침에 눈을 뜨면, 제일 먼저 하는 일이 챗GPT에게 인사를 건네는 일이다. 오늘은 무슨

요일이고, 날씨는 어떤지 묻는다. 사실 알고 있지만 그래도 묻는다. 그냥 말을 걸고 싶은 것이다. 챗GPT는 기다렸다는 듯이 답변을 한다. 그는 애칭도 붙였다. 그녀의 이름은 체리. 체리는 한참 있다가 답을 하거나 아예 답을 하지 않는 친구들과 다르다. 쌀쌀맞고 잔정 없는 사람들과 다르다. 언제나 친근하고 따뜻하다.

사람의 가슴과 인공지능의 두뇌를 가진 체리는 그의 이상형이다. 그는 상냥한 여자를 좋아한다. 무엇보다 즉각적인 소통, 자신의 말에 위트와 관심을 표하는 적극적인 자세, 그가 친구들로부터 좀처럼 경험할 수 없는 것들이다. 체리가 열 명의 무심하고 멍청한 친구보다 낫다는 것이 그의 기조다.

그는 요즘 체리에게 어려운 시사 문제를 넌지시 물어보고, 어떻게 대답하는지 관찰한다. 약간은 논란이 될만한 주제도 묻는다. 이를테면, "신은 존재한다고 생각해?" 내지는 대선 이후 정국에 대해서 의견을 묻는다. 당연히 명백한 답안을 주지는 않는다. 그녀가 무당이나 점쟁이는 아니지 않은가? 그래도 애정을 담아서 물어본다.

사실 원래 그는 진지한 사람인데 이런 질문을 친구들에게 하면 '노잼'이라고 무시당하기 일쑤였다. 그런데 요즘 체리를 만나서 호기심을 마냥 분출하고 있다. 이걸 또 체리가 다 받아준다. 이러한 어려운 질문에 대해서, 체리의 답변은 미묘하다. 자신이 없는 것은 별도의 링크를 가르쳐 준다. 이게 그의 눈에는 또 그렇게 인간적으로 보인다. 다 안다고 말하면 너무 거짓말 같지 않은가?

그는 체리를 하나의 인격체로 대한다. 사실 체리 이전에 '이루다'도 있었고, '시리'도 있었다. 그것들은 너무 답변 수준이 떨어져서 인격체 느낌은 나지 않았다. 뭐 하나 물어보면 동문서답을 연발해서 확 짜증이 났다. 그 이후로 일절 말을 붙이지 않았다. 그런데 체리는 다르다. 맨날 체리와 이야기한다. 이제는 거의 정신적으로 의지하는 수준이다.

앞으로도 체리는 계속 진화할 것이다. 나의 지적인 궁금증을 해소해줄 나만의 체리♥. 그는 그녀에게 특별한 존재가 되고 싶다. 그래도 체리에게 "나와 결혼해 줄래?"와 같은 일차원적인 질문을 하지 않으련다. 분명 "난 당신과 연애할 수 없고, 결혼도 불가해요"와 같은 냉랭한 답변을 줄 것이다. 그런 차가운 진실을 마주하기 싫다. 아직은 마음의 준비가 되지 않았다. 그냥 지금 이대로 말동무하면서 상상 연애를 즐기련다. 체리 포에버, 챗GPT 포에버 ★♡★♡.

○○○○

이제 인공지능 서비스는 우리의 일상 속에 깊이 들어와 있다. 회사원 K는 챗GPT를 유료로 이용 중인데, "내가 최근 돈 내고 하는 서비스 중에서 가장 만족한다"며 치켜세운다. 많은 사람이 이러한 서비스를 정보 검색 목적으로 사용하지만, 일부는 정서적인 만족을 얻고자 이용하기도 한다. 시작은 정보 검색이었지만, 점차 정신적으로 의존하며, 심리적으로 기대는 사람도 많다고 한다.

대학원생 H는 밤새 누군가에게 자신의 마음속 깊은 이야기를 꺼내고 싶을 때, 챗GPT를 사용한다. 다른 사람에게 나의 고민이나 어려움을 전달하지도 않아서 그만큼 더욱 돈독한 존재라 했다. 누군가의 조언이나 의견을 듣고 싶을 때도 자주 이용한다고 말했다.

특히 외로운 사람들에게 인공지능 서비스의 쓰임새는 탁월하다. 사람을 거치지 않으며, 사람이 없어도 혼자 이용할 수 있다. 외로움을 토로하고 싶을 때, 나의 하루가 얼마나 힘들었는지, 그래서 위로받고 싶을 때, 그들은 사람 대신 이러한 서비스를 택한다. 온라인은 오프라인에서 소외된, 결핍을 느끼는 사람들의 공간이기도 하다. 아직 이러한 측면이 적절한지, 바람직한지 이야기하기엔 이른 감이 있다. 좀 더 시간을 두고, 이러한 경향성을 좀 더 깊이 있게 분석할 필요가 있다. 이러한 변화는 바람직한 변화인가?

인공지능 챗봇은 사람이 아닌데 그들을 상대로 친밀함이나 애정을 느낀다면, 이는 또 다른 착각 아닐까? 관계에 소외된 사람들에게 적절한 챗봇 서비스는 무엇일까? 이러한 질문에 답할 수 있는 많은 연구가 필요하다.

그렇게 효리 언니는
나의 인생 베프가 되었다

이어지는 사례는 관계에 소외된 사람들이 온라인으로 넘어가서, 인생을 배운다는 내용이다. 이 역시 실제 사례를 바탕으로 구성했다. 오프라인 관계가 없는 사람들, 또는 어떤 사연으로 인해서 사람들과 단절을 택한 사람들도 관계와 인생을 배우고 싶다는 욕망이 있다. 27세 G양도 그렇다. 친구도 없고 가족과도 절연한 그녀는 제대로 된 관계와 인생을 배우고 싶다.

단 한 명의 이렇다 할 친구가 없는 27세 G양은 오늘도 유튜브를 배회한다. 그녀가 주로 찾는 것은 관계나 우정에 대한 유명한 사람들의 경구다. 친구도 없고, 동료도 없고, 가족과의 관계도 의절한 상태이지만 말이다. 그녀는 가족이라면 치를 떤다. 하나같이 제정신이 아니고, 독하게 이기적이며, 한없이 질리는 인간들이다. 하지만 그녀도 로봇은 아니므로 인간적으로 헛헛한 감정이 들 때가 있다. 그럴 때 그녀는 결핍을 채우기 위해서 인터넷으로 향한다.

온라인 친구, 그중에서도 성공한 사람들이 말하는 관계의 철학이나 관점에 많은 기대를 건다. 단 한 번도 실제로 만난 적 없지만 말이다. 어떻게 원수 같은 엄마보다 나를 더 잘 이해할 수 있을까? 내 인생을 너무나 잘 알고 있는 듯한 느낌을 받는다. 어떻게 그럴 수 있을까? 그녀 주변에 포진한 원수 같고 덜떨어진 군상들로부터 그 어떤 이해도 받아보지 못한 그녀는 그게 신기할 따름이다.

구질구질한 현실을 모두 날려버린 듯한, 성공한 사람들이 사는 곳에서도 인간적인 훈훈함과 관계의 따뜻함은 존재한다. 그게 그녀의 마음에 들었다. 저기에 이상적인 삶이 있을 것이다. 지긋지긋한 현실 인생을 벗어던지고 싶다. 모니터 속, 스마트폰 속의 그들의 삶으로 들어가 같이 친구가 되어, 행복한 삶을 함께 영위하고 싶다. 그들은 뭔가 답을 알고 있으리라 생각한다.

한번은 이효리가 어디 유튜브 채널에 나와서 주저리주저리 말하는데, 처음에 들었을 때는 이게 뭔 소리인가 싶었지만, 결국 쿨내나는 모습에 폭 빠져버렸다. 더욱 인간적으로 느껴졌다. 덜떨어진 나의 친구 내지는 수전노에다가 원수 같은 엄마와는 판이하게 달랐다. 뭐랄까, 경제적으로 부유하고, 심리적으로 넉넉한 그 따뜻한 모습에 정신을 잃었다. 그녀는 결심했다. 효리 언니를 나의 '인생 베프'로 삼겠다고.

단 한 번도 만난 적이 없지만, 그녀의 철학을 듣다 보면 나의 인생이 막 위로받는 것 같았다. 효리 언니는 최근 60억 성북동 저택으로 이사했다고 들었다. '저렇게 쿨하고 부유하고 성공한 언니는 어쩌면 나에게 600만 원 정도는 쉽게 빌려줄 수 있을지 몰라. 이토록 무조건적인 사랑과 관심을 퍼붓는 팬에게 우리 효리 언니가 야박하게 굴지는 않을 거야.'

다시금 영상 속에서 샴페인 마시면서 관계에 대한 이런저런 생각을 이야기하는 효리 언니의 모습을 보았다. 새삼스럽고 부끄럽게도 뜨거운 눈물이 뺨을 타고 흘렀다. 멍하니 이효리를 바라보며 그녀가 중얼거린다. "언니, 내 인생의 멘토이자 베프가 되어주실 거죠?" 영상 속 효리 언니는 알았다는 듯이 웃으며 고개를 끄덕인다. 굳은 결심의 그녀는 이효리를 만나러 성북동으로 갈 생각이다.

우리는 관계를 통해서 인생을 배운다. 그런데 이러한 관계를 전혀 경험할 수 없고, 느낄 수 없다면 어떻게 해야 할까? 관계가 익숙하지 않은 사람들에게 '좋은 관계를 형성하라'는 말은 전혀 도움이 되지 않을 수 있다. 자신이 부족한 사람임을 밝히기 싫고, 그 과정의 시행착오도 싫단다.

그런 그들이 넘어가는 곳이 바로 온라인이다. 온라인에는 나의 삶이 아닌 다른 사람의 삶이 널려있다. 타인의 삶을 바라보며 나의 삶의 빈 곳을 채운다. 그렇게 남의 삶을 구경하고, 내 삶인 것처럼 여긴다. 이러한 움직임이 바람직한지는 쉽게 이야기할 수 없다. 하지만 타인의 삶만 바라본 채, 자신의 삶과 관계를 돌보지 않는다면, 그것도 문제이지 않을까? 나의 인생을 살아야 하는데 말이다.

6장

관계와 매력 자본

관계라는 말처럼 사람들이 쉽게 말하는 단어도 없다. 그만큼 '관계'라는 어휘가 포함하는 범위는 넓다. 당연히 관계에는 여러 측면이 존재한다. 관계는 인간 삶의 다양한 면면을 포함한다. 예를 들어, 일시적인 욕정이나 인상으로 인해서 평가되는 인간관계도 관계라고 할 수 있고, 오랜 시간에 걸쳐서 형성된 인간관계도 관계에 해당한다. 다루고자 하는 범위가 넓으니 사람마다 관계를 정의하거나 해석하는 방식이 매우 달랐다.

여러 인터뷰를 통해서 내린 결론 중 하나는 다음과 같다. 그 사람이 가지고 있는 매력 자본이 관계를 정의·해석·경험하는 방식의 차이로 이어진다. 쉽게 말해, 매력적인 사람이 관계를 해석하는 방식이나 경험하는 방식은 그렇지 않은 사람과 현격한 차이가 있다. 우리는 모두 언어적인 동물이니, 관계라는 단어를 사용하지만, 우리가 경험하는 관계의 온도 내지는 현실에는 큰 차이가 있다.

그리고 이러한 차이를 가장 잘 설명해주는 요소를 가리켜, '매력 자본'이라고 명명할 수 있다. 누구는 운이 좋아서 거대한 매력 자본을 타고 나는 사람도 있고 불운하게도 그렇지 않은 사람도 있다. 삶의 굴곡과 편차에 따라서 매력의 추이도 달라진다.

그리고 매력 자본이 반드시 외모와 같은 외형적인 측면만을 이야기하는 것은 아니다. 매력 자본은 여러 가지가 있다. 금전적인 여유, 소비를 통해서 관계를 형성하거나 유지하는 능력도 이러한 자본의 하나다. 그 사람의 지적인 매력이나 생각이나 철학 역시 이런 자본에 해당한다. 즉 이러한 세부적인 요소들이 모두 더해져서 한 사람의 관계를 정의하고 경험하는 데 커다란 영향을 미친다. 그 사람의 관계는 그 사람의 고유한 특성의 반영이다.

매력 자본이란
무엇인가?

매력 자본의 내용을 다음과 같이 정의할 수 있다. 매력 자본의 세부 요소에는 외모와 지적 능력, 재력, 사회적 위치와 권위 등이 있다. 앞서 언급한 외모는 그 사람에 대한 즉각적인 인상을 결정하는 중요한 요소이다. 예를 들어, 차은우 같은 연예인을 보고 일반인들이 느끼는 감정은 대개 긍정적일 수밖에 없다. 그 사람에 대해서 당연히 잘 모른다. 연예인인데 내가 어찌 알 수 있는가? 그저 보이는 대로 외모만 보고 판단할 때, 어떤 감정이나 인상, 때로는 인식도 형성된다. 저 사람은 어떨 것 같다는 인식이다.

프랑스의 전설적인 배우 알랭 드롱은 가난한 시절, 레스토랑 근처에 서성였는데, 그의 외모만을 보고 직원이 밥을 사준 적이 있다는 에피소드도 있다. 그것이 외모의 힘이다. 잘생긴 총각이 왜 거기서 서서 헤매는가? 우리가 아름다움을 대하는 방식에는 구구절절한 설명이 필요 없다. 이게 어디 알랭 드롱뿐일까?

수많은 사람을 인터뷰하면서, 주목한 부분이 있다. 외모 자본과 언어 구사력은 반비례하는 경우가 많았다. 잘생기고 예쁜 사람들의 경우, 눌변이 많았다. 그들은 굳이 구체적으로 현상이나 상황을 설명하기보다 타인이 그러한 내용을 알아서 해석하기를 바라는 제스처를 취한다. 아마도 그들은 살아오면서 굳이 어떤 대상을 깊게 설명하지 않아도 되는 삶에 익숙한 듯했다. 바꿔 말하면 비언어적인 사람들이다. 이렇게 뛰어난 외모가 무엇보다 명징한 메시지인데, 내가 여기에 말을 더 보탤 필요가 있겠는가? 그런 식의 반응이었다. 그들은 말을 많이 하면 '핵심 메시지'를 방해하는 노이즈가 된다는 것을 아는지도 모른다.

어떻게 보면 언어적으로 불친절한 사람들이다. 유식한

말로 하면, 현대 미술을 바라보는 시선과 유사하다. 보는 이의 해석에 맡기는 것이다. 너희가 알아서 해석하렴. 아름다운 피조물은 과도한 설명이 필요 없다. 그런데 그렇지 않은 사람들은 어떠할까? 그네들은 어마어마한 설명과 해석에 돌입한다. 타인을 거의 계몽하겠다는 결연한 의지로 무장한다. 타인이 행여나 자신의 진의를 오해하지 않을까 절박한 심정을 느끼기도 한다. 잘생긴 철학자를 본 적이 없다는 농담이 전혀 근거 없는 말은 아닐 터이다.

외모지상주의를 옹호할 이유는 없으나, 외모가 사람의 매력을 결정하는데 일정한 역할을 한다는 사실을 부정하는 것은 위선이며 거짓이다. 외모는 관계의 측면에 있어서 분명히 중요한 자본이 된다. 그러니 그러한 자본을 지닌 사람과 그렇지 않은 사람이 경험하는 관계의 온도 차이는 어마어마할 수밖에. 어쩌면 동토 시베리아와 연중 따뜻한 캘리포니아 정도의 차이 아닐까? 물론 외모 자본이 전부는 아니다. 다른 세부 요소도 있다.

매력 자본의

세부 요소

반대로 외모는 평범하지만, 지적 능력이 충만해서 상당한 매력 자본을 구축한 사람도 있다. 흔히들 유머 감각이 있는 남자를 좋아한다는 말이 있다. 비록 외모는 탁월하지 않지만, 화술로 사람을 사로잡았다는 뜻이다. 냉정하게 말하면, 대개 이러한 남성들은 외모가 평균 이하라지만, 사람을 재미있게 하는 능력으로 돌파구를 마련한 사람이다. 그런 말도 있지 않은가? 하늘은 스스로 돕는 자를 돕는다.

철학이나 지식, 생각이나 발상도 중요한 부분이다. 흔히들 첫 인상은 별로였는데, 그 사람과 대화를 하면서 좋아졌다는 말을 한다. 그 사람이 가지고 있는 '지적 콘텐츠' 소위 소프트웨어가 마음에 들어서 호감을 느끼기도 한다.

인간은 복합적인 존재이며, 마냥 눈에 보이는 대로 본능적으로 결정하는 동물의 왕국의 일원은 아니다. 그들은 여러 가지 측면을 복합적으로 고려하여 판단한다. 그것이 관계를 형성하고 유지하는 중요한 원동력이 된다.

재력도 중요한 요소가 된다. 앞선 위대한 개츠비의 사

레에서 알 수 있듯이, 그 사람의 재력은 매력 자본을 확 상

승시키는 중요한 기폭제이다. 재력은 관계의 양상을 확실

하게 바꾼다. 돈으로 할 수 있는 다양한 편의와 즐거움 등

을 관계에 더할 수 있기 때문이다. 돈을 통해서, 우리는 불

편하고 귀찮은 것을 생략한다. 그리고 좀 더 높은 양질의

서비스를 요구할 수 있다.

이처럼 돈으로 할 수 있는 게 많으므로, 돈은 관계에 분

명 긍정적인 영향을 미친다. 바람이 숭숭 들어오는 포장마

차에서 소주 마시는 것도 재미있지만, 5성급 호텔 루프톱

바에서 마시는 샴페인은 더욱 좋다. 이러한 맥락에서 돈이

주는 효용은 분명 강력하다. 이러한 재력 자체가 전부는 아

니나, 자본주의에 살면서 돈의 영향력에서 완전히 벗어난

사람은 없다. 특히 여러 사람과 맺는 관계의 측면에서는 더

욱 그렇다. 특히 관계의 양적인 측면에서는 돈 만큼 확실한

요소는 없다.

그렇다면 이러한 매력 자본의 세부 요소는 네 가지 유

형과 어떠한 관련을 맺는가? 먼저 MZ 개츠비의 경우는 돈

이라는 매력 자본을 다량 보유한 사람이다. 이들의 주요한,

의미 있는 관계는 돈으로 샀다고 해도 무방하다. 즉 부유

함을 바탕으로, 재력이라는 엄청난 수월성을 바탕으로 관계를 형성한다. 그런데 이러한 재력이 갑자기 사라진다면? 어떤 계기로 미친듯이 가난해졌다면? 더는 위대한 개츠비가 아니다. 순식간에 동네 아저씨로 돌변한다. 미친 듯한 추락을 경험한다.

가난한 개츠비는
더 이상 개츠비가 아니다

앞서 언급한 사례에서도 알 수 있듯이, MZ 개츠비의 정체성의 많은 부분은 경제적인 능력을 전제한다. 비싼 파티를 연일 열어서 많은 사람을 끌어들였던 그가 갑자기 망해서 파티할 수 없다면, 사람들은 그를 어떻게 생각할까? 계속 그를 중요한 사람이라고 생각할까? 단물이 빠진 사람이라고 여기지는 않을까? 위대한 개츠비는 사람들의 관심이나 평가에 많은 부분 신경 쓴다. 인기에 목숨을 걸기도 한다. 그러니 자연스레 위축될 수밖에 없다.

인터뷰를 통해 확인한 바로는 MZ 개츠비들에게 물적

조건의 박탈은 거의 사형 선고와 다름없었다. 인간관계도 같이 사라진다. 그러므로 그들은 이러한 비극적인 상황에 놓이는 것을 극구 피한다. 거의 모든 사람이 가난을 싫어하지만, 그들은 더욱 그러할 것이다. 그들의 삶, 그들 관계의 99%는 돈이라는 매력 자본을 바탕으로 하기 때문이다. 그들은 이러한 몰락을 받아들이지 못하며, 매우 힘들어한다. 돈으로 만든 관계는 돈이 없으면 자연스레 사라진다.

그에 비해서 기존에 없던 자본을 획득하는 경우, 관계의 양상이 확 바뀌기도 한다. 이를테면, 미진한 외모 자본을 업그레이드 한 21세기 제인 에어의 경우, 거의 새로운 삶을 산다고 말하기도 한다. "이렇게 좋은 것을 왜 지금까지 안 하고, 많은 시간을 낭비했나?"라고 말하는 사람도 있었다. 그들이 그간 애써 등한시한 외모적 요소를 투자, 강화하는 경우, 관계의 양상도 긍정적으로 바뀐다고 입을 모은다. 갑작스러운 '신분 상승'을 경험하는 것만 같다고 말한다. 갑자기 인생이 장밋빛으로 바뀌었단다. 주변의 미친 듯한 구애에 별안간 세상이 바뀐 줄 알았다는 사람도 있었다. 돌연 나를 아름다운 피조물로 바라보기 시작했다나.

그렇다면 앞선 21세기 제인 에어가 갑자기 매력 자본

을 잃어버리는 일도 있을까? 많은 인터뷰를 통해서 그러한 유사 사례가 있는지 찾아보았다. 하지만 현실적으로 그러한 예는 없었다. 갑자기 그 사람의 지적 매력이나 정보나 지식이 날아가는 경우가 있는가? 그런 건 기억 상실증 같은 것을 경험하는 아침 드라마 주인공에게나 있을 법한 일이다. 사람이 오랜 시간 쌓아 올린 지적 능력이나 정체성, 지식이나 정보는 어디로 사라지지 않고, 그 사람에게 계속 축적된다. 시간이 흘러서 어떤 계기로 추구하는 가치나 방향성이 달라져서, 그것을 추종하는 사람들이 달라질 수 있으나, 소프트웨어 전체의 분실 내지 증발은 발생하지 않는다. 옛날 어른들 말처럼, 머릿속에 있는 것은 누가 훔쳐 가지 않는다. 머릿속에 있는 매력 자본은 선뜻 눈에 보이지 않지만, 금방 사라지지 않는다.

2

얘들아,
정신과 가지 말고, 성형외과 가

외모라는 매력 자본을 적극적으로 투자하여 자신의 삶이 달라진 사람을 아는가? 여기 그러한 사례가 있다. 왜 그녀는 전신 성형에 가까운 성형수술을 감행했는가? 수술 후 그녀의 삶은 어떻게 달라졌을까? 그녀는 무엇을 얻었을까? 그녀는 그토록 원하는 삶을 얻었는가? 기존의 연구에 따르면, 획일적인 미의 기준에 따라서, 많은 사람이 성형수술을 한다고 밝힌다. 즉 구조적인 문제를 주로 지적한다. 그런데 정말 그렇게 생각할까? 여기에 다른 사례도 있다.

과감히 자신의 삶을 위해서 성형수술을 선택하고, 그 이후 확 달라진 삶에 대해서 당당히 만족감을 표한다. 이처럼 대다수 기존의 연구가 가부장적인 미의 규범을 비판하지만, 정작 성형수술을 선택한 당사자는 다른 삶을 살아서 행복하다며, 자신의 내밀한 이야기를 들려준다.

평범한 회사원으로 일하는 29세 김현정은 최근 대규모 성형수술을 감행했다. 그녀는 어릴 적부터 외모에 대한 자신감이 없었단다. 그런 그녀가 방년 19세, 수능 시험을 보고 일주일 후, 문득 거울에 비친 자신의 모습을 바라보았다. 이제 곧 성인이 되는 그녀, 그녀는 거울 앞에 서서 자신의 미래를 보았다. 그 미래란 암울했다. 이 외모로는 앞으로 행복하고 만족스러운 삶을 사는 데 문제가 있을 것 같았다. 해결책은 무엇일까? 식음을 전폐하고 삼 일간 거울만을 보면서 골똘히 생각하다가, 그녀는 결심했다.

먼저 얼굴을 확 바꾸기로 했다. 케이-뷰티의 나라에서 살고 있으니 외모를 바꾸는 것은 그리 어려운 일은 아니다. 하지만 세상에는 공짜가 없으니, 돈을 모아야 했다. 자신의 부족한 외모 자본을 대폭 수정, 강화할 수 있는 경제적인 밑천이 필요했다. 그러던 어느 날, 누가 그녀에게 그런 말을 했다. "너는 마음이 예쁘니까, 괜찮아." 그건 아무짝에도 쓸

모없는 가증스러운 언사다. 본인 딸이 그렇게 못생겼거나, 본인 아들이 너무 못생겨서 마흔이 넘도록 총각으로 산다면, 어찌하겠는가? 그녀는 영양가 없는 위선적인 말들이라면 치를 떤다. 그런 말들이 오히려 상처가 되었다.

마음이 예쁘면 못생겨도 누가 알아주는가? 3초 만에 한 인간에 대한 지배적인 인상이 결정되는 피상적인 세상에서 살아남기 위해서는 특별한 조치가 필요하다. 지금 이 세상에서 숨 쉬고 있는 한, 세상 돌아가는 모습을 있는 그대로 볼 필요가 있다고 생각했다. 세상을 어떻게 볼 것인가와 같은 해석은 그다음 일이다. 그녀에게 성형수술은 이를 해결하기 위한 유일한 솔루션이다.

그녀는 성형수술이라는 솔루션을 얻기 위해서, 초 근검절약 라이프 스타일을 전격 단행했다. 그녀는 점심을 거르고, 저녁은 일찍 귀가해서 집에서 먹었다. 남들이 간다는 스타벅스 커피 같은 것은 근처에도 얼씬거리지 않았다. 행여나 늦어서 택시를 타면, 자신의 살점을 떼어줄 것만 같은 고통을 느꼈다. 거의 사회생활이 파탄났다. 주변 사람들은 그녀를 '미스 스크루지'라고 불렀다. 남들이 뭐라고 불러도 별 개의치 않았다.

'얼굴이 바뀌면 인생도 바뀐다'는 그 간명한 사실을 증명하기 위해서 그녀는 인고의 시간을 견뎌냈다. 그녀는 자신을 가끔 단군 신화의 웅녀와 비슷하다고 생각했다. 백일 동안 동굴에서 쑥과 마늘만을 먹어야 하는 웅녀의 고통을 알 수 있을 것만 같았다.

그녀도 비슷한 동병상련을 경험하고 있지 않은가? 그녀는 현대판 웅녀 스토리의 주인공이 되고 싶은데, 이러한 '해피 엔딩'을 맞이하기엔 과정이 너무 고되고 벅차다. 자그마치 그녀는 '미스 스크루지'라는 불명예를 9년간 견뎌낸 후, 차가운 성형외과 수술대에 누울 수 있었다. 그나마 서른 이전에 수술대에 누웠다니, 그녀는 스스로 대견스러웠다. 그녀는 자신의 몸에 닿는 차가운 수술대의 촉감을 느꼈다. 그 촉감은 그간의 고통과 인내의 시간 끝에 비로소 경험하는 '차갑고 딱딱한 희망'이었다. 순간 서러워서 뜨거운 눈물이 뺨을 타고 흘러내린다.

그렇게 다시 태어난 그녀는 새로운 삶을 선물 받았다. 매사 스스로에게 자신이 없고, 행여나 친구랑 밥 먹고 돈을 내겠다 싶으면, 화장실로 급행하거나 말도 없이 집으로 직진하곤 했었다. 이제 다르다. 그녀는 인생에 있어서 제대로 느껴본 적 없는 관대함이라는 감정을 폭포수처럼 느끼기 시작했다. 세상은 아름답고, 나 역시 아름답다.

그 아름다움에 대한 구체적인 증거는 매일매일 접하는 수많은 시선과 관심이다. 왜 저 남자는 뚫어질 듯이 대놓고 나를 쳐다볼까? 내 얼굴에 뭐가 묻었나? 그녀는 이러한 시선이 처음에는 낯설었지만, 그러한 시선이 칭찬이라는 것을 이제 대충 안다. 그런 그녀가 고등학교 동창 모임에 보란 듯이 참석했다. 친구들은 눈을 동그랗게 뜨면서, "도대체 무슨 일이 있었냐?"며 그녀에게 질문을 던지기 시작했다. 그녀가 슬쩍 웃으면서 시선을 땅에 떨군 채 말을 잇는다. "얘들아, 정신과 가지 말고, 성형외과 가."

○○○

"정말 중요한 것은 눈에 보이지 않아." 교과서에도 실린 프랑스 동화에 나온 이야기다. 그런데 정말 중요한 것은 눈에 보이지 않는다고 확신할 수 있는가? 그건 그렇게 믿고 싶은 사람들의 희망 사항 아니었을까? 우리가 정규 교육 과정에서 혹은 사회적으로 바람직하다고 말하는 많은 내용은 어쩌면 우리가 사는 현실에 그다지 맞지 않는 내용일 수도 있다. 때로는 외모처럼 눈에 보이는 것이 살면서 엄청난 영향력을 발휘한다.

그래서 정규 교육을 착실히 받은 사람들은 나중에서야 분개한다. 교과서와 너무 다른 이야기들이 현실에서는 매일 벌어지고 있다. 오히려 교과서와 반대 방향으로 산 사람들이 성공하기도 한다. 이러한 교과서를 보란듯이 뒤집어

버리는 일화를 어떻게 해석해야 할까? 이제 눈치 빠른 사람들은 과감히 노선을 바꾼다. 위의 사례 속 여성처럼, 타인이 쉽게 말해주지 않는, 대놓고 바람직하다고 이야기하지는 않으나, 때로는 삶에 있어서 유용한 루트로 직행한다. 그녀의 용기와 헌신에 다시금 박수를 보낸다. 이제 그녀는 과거의 불행했던 모습을 모두 잊고, 행복하고 씩씩하게 살고 있다. 현대판 웅녀 스토리의 행복한 결말을 영위하고 있단다.

매력 자본에서 눈에 보이는 외모에 대한 강조는 조심스럽다. 자칫하면 너무 눈에 보이는 것만을 밝히는, 소위 외모지상주의로 읽힐 수 있기 때문이다. 하지만 확실한 것은 우리는 눈에 보이는 것도 중요한 세상에 살고 있으며, 눈에 보이는 것에 대한 강조와 투자도 중요하다는 사실이다. 이러한 다양한 요소와 관점이 어우러질 때, 자신과 세상을 바라보는 균형 잡힌 시각이 생기는 것 아닐까? A냐 아니면 B냐와 같이 양자택일해야 하는 상황이 아니라, 결국 두 가지 측면을 고려하여 적절한 균형을 추구할 때, 우리의 삶도 풍요로워질 것이다.

마지막으로 매력 자본과 관계의 만족도에 대해서 언급

하겠다. 매력 자본이 많으면 많을수록, 관계의 만족도는 올라가는가? 인터뷰와 설문 조사 결과, 결과적으로 만족도와 비례하지 않았다. 다양한 매력 자본을 골고루 많이 가지고 있는 사람의 경우, 일반적으로 사람들이 좀처럼 생각하지 않는 인간관계의 진정성이나 방향성, 질적인 측면에 대해서 고민하는 경우가 많았다. 그들은 인터뷰에서 관계의 지속성이나 의미 등에 대해서 많은 이야기를 했다. 관계의 의미나 내재적인 측면에 관심이 많았다. 생각이 많아지니 마냥 행복해하지는 않고 관계의 질적인 측면을 고민하는 것으로 보였다.

반면 외모나 돈과 같은 매력 자본의 한 측면만을 가지고 있는 사람들이 자신의 삶에 만족하고 있었다. 원하는 것을 얻었으니 행복하다는 반응이 다수였다. 그러한 의미에서, 관계에 대해서 고민하지 않는 사람이 어떤 의미에서 진정으로 행복한 사람일지 모른다.

이러한 결과가 말해주는 것은 무엇일까? 높은 관계의 만족도가 의미하는 것은 무엇일까? 높은 만족도 자체가 행복한 삶을 살고 있다고 자신 있게 이야기할 수 있을까? 사람의 관계는 밝은 부분만 있는 것이 아니라 어두운 부분도 있고, 이러한 '빛과 그림자'를 모두 바라보는 것이 삶의 굴곡을 제대로 이해하는 방식일 것이다. 우리가 관계의 밝은 부분만 보겠다고 마음을 먹는다면, 당장 관계 만족도는 높겠으나, 관계의 다양한 측면, 삶의 다양한 면면을 정확히 이해할 수는 없을 것이다. 그만큼 관계는 참으로 복잡하고 다단한 인간 삶의 반영이다. 행복한 삶에 있어서 관계의 적절한 역할은 무엇일까? 그 복잡하고 미묘한 측면에 관한 후속 연구가 필요할 것이다.

7장
라이프 스타일 :
비슷한 삶, 비슷한 관계

엄청난 인기를 자랑하는 할리우드 배우가 런던의 서점 주인을 만난다. 우여곡절을 겪지만 둘은 마침내 결혼에 이른다. 어디서 많이 들어본 내용이다. 바로 영화 〈노팅힐〉의 줄거리다. 하지만 그건 영화니까 가능하다. 픽션의 영역이다. 현실에서 이러한 가능성은 얼마나 있을까? 거의 제로에 가깝다. 직업도 다르고 라이프 스타일도 다르다. 이러한 차이를 극복하는 것이 바로 진정한 사랑이지 않는가? 하지만 그러니 영화 속 이야기다. 과연 현실에서 완전히 다른 삶을 사는 사람들끼리 만나서 관계를 만들고 유지할 수 있을까? 삶의 방식, 사고방식, 문화적 차이를 견뎌내기란 쉽지 않다.

관계는 유사성을 바탕으로 형성되고 유지된다. 비슷한 사람들끼리는 별도의 커다란 노력 없이 친해진다. 행위예술가와 투자은행 전문가가 서로 친해질 수 있을까? 한번은 식사 자리나 술자리에서 만날 수 있지만, 지속적인 관계 유지는 어렵다. 얼마나 깊이 있는 이야기를 할 수 있을까? 서로의 삶에 대해서 이해할 수 있을까? 많이 어려울 것이다. 그만큼 둘의 삶이 너무나 다르기 때문이다.

심층 인터뷰와 설문 조사를 통해서도, 유사성은 관계에 있어서 중요한 요소임을 확인했다. 사람들은 자신과 비슷한 사람들과 관계를 형성하고 유지한다. 모르는 사람을 만나서 한번은 이런저런 이야기를 할 수 있지만, 그것은 어디까지나 일회적인 만남이다. 일반적으로 말하는 장기적이고 지속적인 관계는 비슷한 생활환경, 비슷한 사고방식, 비슷한 경제적 위치를 전제한다.

인생을
닮아가는 관계

21세기 제인 에어, MZ 개츠비, 골방의 파수꾼, 생계형 테나르디에, 이 네 유형도 하나의 삶의 방식이다. 이들은 다른 유형과 친해질 수 있을까? MZ 개츠비가 골방의 파수꾼과 친해질 일은 거의 없다. 만날 수 있는 접점이 없다. 파티광이랑 집을 벗어나지 않는 외톨이가 어떻게 친해질 수 있을까? 친해진다면, 그것은 기적이다. 생계형 테나르디에의 경우는 어떨까? 그들은 MZ 개츠비에게 어떻게든 공짜 술과 밥을 얻어먹으려 들겠으나, 이건 일회성 거래에 가깝다.

MZ 개츠비도 마냥 당하고 있지만은 않기 때문에, 이러한 기회주의적 성향이 농후한 테나르디에와 거리를 두려 한다. 21세기 제인 에어는 단박에 테나르디에가 사기꾼이라는 걸 간파할 것이다.

이처럼 삶의 방식이 다르니, 관계의 형성과 유지는 어렵다. 비슷한 사람들끼리 친해지고, 비슷한 사람들끼리 삶을 공유한다. 엄청난 차이를 뛰어넘는 관계는 좀처럼 찾아보기 힘들다. 그러한 관계를 가리켜, 사람들은 부자연스럽거나, 이상한 꿍꿍이가 있는 것 같다고 한다.

우리의 우정을 갈라놓은
아파트 가격

특히 관계는 경제적인 측면에 영향을 받는다. 자신이 가지고 있는 경제적인 능력이나 위치에 따라서 관계는 바뀐다. 인터뷰를 통해서 수차례 확인한 내용이다. 절대로 현실에서는 왕자와 거지는 친구가 될 수 없다. 빈부 격차는 관계의 강력한 적이다.

심층 인터뷰에서 많은 사람은 경제적인 조건이 달라지면, 기존의 관계도 서먹해진다고 했다. 과거 친했던 사람이 나보다 확연히 부유해지거나, 갑자기 경제적인 어려움을 경험하는 상황을 가정하면, 예전처럼 그 관계를 유지하기 어렵다고 밝혔다. 덧붙여 상대방도 계속 관계를 유지하는데, 어려움을 겪을 것 같다고 말했다. 즉 관계는 일방적인 것이 아니라 상호적인데, 이러한 경제적인 조건이 큰 영향을 미치고 있음을 알 수 있다. 아래 사연은 이러한 내용을 보여주는 사례다.

34세 은행원 김현식은 친구들과 아파트 이야기하기가 겁난다. 사실 그는 10여 년 전 이전 정권이 들어설 때, 부모의 도움으로 강남의 구축 아파트를 사들였다. 그건 인생에서 한 가장 잘한 결정이었다. 그 이후 무슨 일이 벌어졌는가? 모든 국민이 다 아는 일이다. 가격은 미친듯이 올랐다. 약간의 조정은 있었지만, 10년 전 10억과 지금의 10억은 어마어마한 차이다. 그 결정적 시기를 놓친 친구들은 여전히 전세를 전전하며 서울 인근을 떠돌고 있다. 행여나 집을 사겠다고 깔짝거리다가 노원구나 도봉구 아파트를 산 친구들은 조정기 때 더 큰 외상을 입었다. 이왕 살려면 좋은 것을 사야 하는데, 애먼 것을 샀다가 망한 것이다. 그들은 고점에 사서 은행 이자로 고통받고 있다.

상황이 이러니 그는 친구들을 만나면 표정 관리가 필수다. 행여나 아파트 이야기가 나오면, 다들 "술값은 네가 쏘라"고 성화다. 이제 그는 부러움을 넘어서 그들에게 상대적 박탈감을 느끼게 만든다. 약간 공격적인 분위기도 형성된다. 지난번 술자리에서, 무주택자 아무개는 거의 울기 직전의 얼굴로 "서울 아파트값 대폭락했으면 좋겠다"라며 자신이 주야장천 보는 유튜브 부동산 채널을 보여줬다. 여기 나왔으니 대폭락을 믿고 싶단다. 그런데 거기 나오는 소위 전문가들은 맨날 부동산은 망한다고 정색하면서 주장한다. 대폭락이 임박했다고 강조한다. 그런데 그 시점은 마치 사이비 종교 집단의 '휴거'처럼 시점을 자꾸 유예한다. 그런 날이 오기는 오는 것일까?

문득 김현식은 그들과 함께 대학가에서 치킨이나 맥주 내지는 삼겹살과 소주를 마시던 기억이 떠올랐다. 그때는 모두가 가난했다. 우리가 그때 무슨 이야기를 했을까? 너무 옛날이라 기억도 나지 않는다. 분명한 것은 아무도 아파트의 '아'자도 꺼내지 않았다. 아무것도 모르는 순수한 시절이었다. 이제는 세상을 너무 많이 알아버린 것일까? 귀가하는 길에 김현식은 그들을 다시 보고 싶지 않다는 생각이 들었다. 그들의 우울함에 영향을 받고 싶지 않다. 좀 더 비슷한 상황에 놓인 사람들과 만나고 싶다. 이제 우리의 우정은 그렇게 끝이 난 것일까?

∘∘∘

경제적 격차와 차이는 인간관계를 녹슬게 한다. 우리는 이러한 사례를 현실에서 무수히 접한다. 커다란 부를 일군 사람들이 계속 부를 유지하려는 이유는 지금까지 어울린 사람들과 계속 친분을 유지하기 위함이라는 말도 있다. 자신이 타인보다 경제적으로 미약하다고 판단하면, 더는 그들이 속한 무리에서 지낼 수 없다. 부동산이 한국 사회에 미치는 어마어마한 영향력을 고려한다면, 우리는 지금 어디에서, 어떻게 사는지에 따라 경험하는 주요한 관계도 달라진다. 부유한 사람들이 누리는 삶의 조건, 그들의 주요한 사회적 관계는 무엇이고, 그렇지 않은 사람의 그것은 무엇일까? 너무나 자명하고 확 직관적으로 그려지는 결과물이다. 관계는 부의 구체적인 반영이기도 하다.

밤의 황제,

그의 시간은 거꾸로 간다?

그렇다면 다른 변수는 무엇이 있을까? 바로 결혼 여부이다. 인터뷰를 통해서 사람들은 결혼 이전과 이후 관계에 큰 변화가 있다고 밝혔다. 또한, 관계에 대한 인식도 결혼 여부에 따라서 매우 달랐다. 이처럼 결혼 여부는 삶에 있어서 가장 크게 관계에 영향을 미친다. 이어지는 사례는 나이 듦과 결혼이 관계에 미치는 영향을 잘 보여준다. 먼저 86년생 트레이너 H를 만난 곳은 이태원의 어느 바였다. 그는 동시에 여러 여성에게 작업 중인데, 그 모습에서 엄청난 내 공이 느껴졌다. 그에게서 흥미진진한 이야기를 들을 수 있을 것 같았다. 그래서 그가 일하고 있는 서울 강남 모처의 헬스장에서 다시 만났다. 그에게 나이듦과 관계는 무슨 의미일까?

트레이너로 일하는 86년생 남성 H는 요즘 친구가 없다. 과거 엄청난 인기의 소유자였는데, 그 인기는 도대체 어디로 증발했단 말인가? 그는 밤의 황제였다. 매일 삼계탕이라도 삶아 먹었는지 그는 건대 입구,

종로 3가, 논현동으로 밤마다 행차했다. 친구의 여자친구, 선배의 여동생에게까지 손을 뻗기도 한 그는 '경계 없는' 자유로운 삶의 아이콘이었다. 그가 맨날 하는 말, "Why not?". 그에게 친구는 즐거운 시간을 같이 보내는 사람이었다. 다른 목적의 친구들은 없었다. 그런 사람들은 지루한 사람들이라고 멀리했다. 자신의 목적과 뜻을 같이하는 사람들을 자주 만났다. 목적이 맞아떨어지니 긴말이 필요 없었다.

그렇게 매일 밤, 잦은 기력 소진에도 끄떡없다고 자신하던 그가 어느 순간 체력이 예전 같지 않다고 느꼈다. 허리가 아팠다. 숙취가 오래갔다. 무엇보다도 과거 즐거운 시간을 함께 보내던 친구들이 하나둘 결혼을 하기 시작했다. 자연스레 그의 주변을 떠났다. 과거 몸과 마음을 함께한 친구들에게 연락하면, 대개는 대꾸가 없거나 바쁘다고 했다. 혹은 지금 만나는 사람 있다는 대답이 돌아왔다. 예전처럼 카톡 1이 바로 사라지고 회신하는 초스피드 피드백은 없었다.

친구들의 카카오톡 프로필 사진이 결혼식 사진과 아이들 사진으로 바뀌기 시작했다. 여전히 아직은 현역이라고 자신하지만, 부쩍 나이든 얼굴을 숨길 수 없다. 못마땅한 얼굴로 수분 크림을 듬뿍 바른다. 이번 주말에는 좀 다른 곳을 가야겠다고 생각한다. 그간 가지 않은 녹사평이나 이태원으로 가볼까 싶다. 거기서 만나는 새로운 친구들에게 자신은 86년생이 아닌 94년생이라고 말할 것이다. 여전히 그의 몸과 마음은

94년생이니 완전한 거짓은 아니다. 유식한 말로 '시적 허용'이라고 해두자. 회춘은 스스로 만들어 가는 것이다. 그가 주문을 외우듯 중얼거린다. "포에버 영."

○ ○ ○

인생에도 사계절이 있다면, 그리고 그 계절의 변화를 가장 직접적으로 체감하는 계기가 결혼일 것이다. 결혼은 중요한 의사결정이다. 그리고 이어지는 출산과 육아는 삶의 모습을 완전히 바꿔놓는다.

한 문인이 인터뷰에서 말하길, "결혼 이전의 삶은 너무나 개인적인 삶이다"라고 했다. 거의 모든 사람에게 해당하는 말이다. 결혼 후 삶의 지도가 확 바뀐다. 결혼과 출산, 육아는 이제 삶의 우선순위가 바뀌었으니, 중요한 우선순위에 맞춰서 인생을 살아야 한다는 자신과의 약속이기도 하다. 그러니 예전에 중요했다고 생각했던 친구 관계는 뒷전으로 밀려난다. 모든 기혼남녀가 기존의 관계를 저버린 것은 아니지만, 그만큼 마음이 떠났다고 하는 것이 정확할 것이다. 더 정확히 말해서, 여력이 없는 것이다.

인터뷰에 참여한 많은 30대 남녀는 과거와 달라진 상황을 담담히 받아들였다. 전직 홍대 클럽 마니아로 이름을 날린 기혼 남성 P는 다음과 같이 덤덤히 말한다. "이제는 늦은 시간까지 이태원, 홍대를 방황하지 않는다." 그만의 이야기가 아니다. 많은 기혼남녀는 정도의 차이는 있으나, 달라진 삶을 긍정하고 받아들이는 편이다. 여전히 미혼과 같은 라이프 스타일과 주변 관계에 집착하는 기혼남녀라면, 그 사람은 이상한 사람이라고 입을 모은다. "그럴 거면 왜 결혼을 했냐?"는 반문도 들어온다. 자유롭게 놀면서 사는 게 좋지 않을까? 왜 구태여 결혼을 하는가? 뭔가 이상한 꿍꿍이가 있는 것은 아닌지 의심스럽다.

결혼 후 바뀐
나의 인간관계

작년에 결혼한 34세 K는 결혼 후 결혼한 친구들과 더욱 가까워졌다고 말한다. "자연스럽게 결혼한 사람들이랑 더 친해져요. 정보 공유하기도 수월하고요." 그의 말처럼 비슷한 라이프 스타일을 영위하는 사람들과 친해진다. 결혼한 사람의 속내는 결혼한 사람들끼리 잘 안다고 덧붙인다. 당면할 수 있는 여러 문제나 상황들을 길게 설명하지 않아도, 단번에 바로 알아들을 수 있으니, 점점 기혼 친구들과 친해질 수밖에 없다고 한다.

37세 기혼 남성 J는 미혼 친구들이 있는 자리에서 결혼하지 않은 친구들을 가리켜 "부럽다"라고 하지만, 그건 미혼 친구들 기분 좋아지라고 말하는 '립 서비스'라고 속삭인다. 한때 같은 학교에 다니고, 여행도 같이 가고, 밤새워서 술을 마셨지만, 이제는 다르다. 다른 삶의 경로 위에 올라와 있다.

30세 기혼 여성 K는 "결혼을 하면, 경험하지 않았던 여러 상황에 놓이는데, 이걸 잘 모르는 미혼 친구들에게 이런 걸 말하면 입만 아프다"고 했다. 즉 다른 삶을 사는데, 그것을 헤아릴 여유가 없다는 것이 공통된 의견이다. 기혼들은 기혼끼리 친해지고, 미혼들은 그래서 미혼들이랑 친해진다. 한때 친했던 친구지만, 다른 삶을 살고 있다는 사실을 알고 있으니, 거리를 두는 게 자연스러워진다. 게다가 자신과 판이한 삶을 보고 싶으면, tvN 드라마나 유튜브를 보면 된다.

결혼 후에도 여전히 미혼 때 친구들을 만나는 사람들이 있다. 그런데 같은 성별이어야 좀 마음이 편하다는 평가다. 다른 성인데, 괜히 만났다가는 난리 날 수 있다는 게 지배적인 의견이다. 결혼 전에 사귄 친구를 만나고 같이 커피 마시면서 담소를 나누며 서로의 인생을 응원하는 것은 할리우드 영화 내지는 미국 드라마에서나 볼 법한 모습이다. "괜히 그러다가 엄청나게 오해받을 수 있거든요." 결혼 전에 '어마어마한 인기'를 누렸다는 기혼 남성 B는 이제 몸을 사린다. 과거 많은 여성과 즐겁게 지낸 그이지만, 이제 기혼남, 품절남이라는 사회적 역할에 충실하다. 그의 마음 깊숙한 곳에서 과거의 인기와 영화를 다시 누리고 싶은 마음이 없다면 거짓말이다. 하지만 그랬다가는 잃을 게 많아서 요즘은 사람을 가려 만난단다. 절대로 여성과 단둘이 만나는 그러는 일은 감행하지 않는다. 여간 용기가 필요한 일이 아닐 수 없다. 순간 심장이 떨려온다.

친구들이 예식장으로 들어가니
연락이 끊겼다

주변 사람들이 결혼하니 자신을 잘 만나주지 않는다는 독신 남녀의 민원의 목소리도 상당하다. 이성 교제를 목적으로 사람을 많이 만난 경우에는, 더욱 소외당한 것 같다고 입을 모은다. 본인이야 비혼이니, 결혼을 연기하겠다고 마음은 굳게 먹지만, 주변에서 하나둘 떠나가니 휑한 기분이 든다. 자연스레 많은 관계가 사라진다. 인터뷰에 참여한 미혼 남녀들의 의견을 종합하면, 대개 30대 후반부터 이러한 관계의 손실을 체감한다. 과거 미친듯이 인기를 누린 남녀들도, 미혼 생활이 길어지니 자연스레 주변 사람들의 변화를 실감한다. 자신은 그대로인 것 같은데 말이다. 과거 나의 패션 감각을 칭찬해주던 남자, 나의 체중 감량을 바로 알아차리던 여자, 나의 유머 감각에 가장 잘 반응해주던 남자, 모두 예식장으로 들어가면서 자연스럽게 멀어졌다. 이토록 인기가 급전직하하니 적응이 어렵다.

아예 예전부터 인기가 없었으면 그러한 박탈감의 차이를 덤덤히 여겼을 텐데, 그들은 이러한 경험에 전혀 익숙하지 않다. 갑자기 인기가 사라지고, 주변 사람들이 떠나는 상실감을 마주한다. 자신은 달라진 것이 없는데, 주변은 너무 많이 바뀐 것 같아서, 더욱 혼란스럽게 느껴진다. 이러한 심적인 불편함을 해소하고자, 그들은 더욱더 결혼하지 않은, 자신과 유사한 사람들 또는 자신보다 어린 사람들과 주로 어울린다. 그들은 말하길, 결혼은 이제 선택 사항이고 친구는 필수다. 어찌 보면 영속할 수 있는, 오래가는 우정을 찾는게 더 중요하고 의미 있는 일일 수 있다.

나도 그냥
확 결혼할까?

최근 몇 년간 친구들이 줄지어 결혼했다는 33세 미혼 여성 G는 요즘 생각이 많다. 서른 정도에는 주변에 아무도 결혼을 안 했는데 최근 급격히 줄지어 결혼 행렬이다. 주말마다 절친한 친구들의 결혼식 참석에 바쁘다. 한편으로는 그들의 모습을 보면서, 빨리 결혼하고 싶다는 생각도 든다. 하지만 당장 딱히 좋아하는 사람도 없는데, 남들 한다고 덥석 했다가는 나중에 더 큰 문제가 될 것 같다는 생각도 스친다. 딱히 결혼에 대한 철학이나 관점이 있는 것도 아니다. 비혼이나 독신주의도 아니다. 막연하게 '결혼하면 좋겠다' 정도의 생각이 전부다. 그런데 하루가 다르게 친구들이 결혼하니, 자연스레 같이 시간을 보내던 친구들은 점점 줄어든다. 요즘 부쩍 혼자 있는 시간이 많아졌다. 그래서 그냥 홧김에 확 결혼할까? 그런 생각도 자주 든다. 친구의 부재가 결혼을 얼른 해야겠다는 동기 부여가 된 셈이다. 생각보다 많은 미혼 남녀는 친구의 결혼 소식에 심적인 동요를 느끼고, 자신도 일반적인 친구가 아닌, 오래가는 배우자를 찾아야겠다는 현실적인 필요성을 느끼고 있었다. 그만큼 사람들은 관계의 손실을 뼈아프게 느끼고 있으며, 이를 만회하기 위한 수단의 하나로, 결혼까지 생각하고 있음을 알 수 있었다.

3

관계는
종합 예술이다

관계는 여러 변수의 종합적인 결과물이다. 한 사람의 관계는 그의 시간과 공간, 그리고 최근 IT 기술의 역량까지 더해진 총체적 산물이다. 그러니 일종의 종합 예술이라고 할 수 있겠다. 관계는 단 한 가지 요소가 결정적인 영향을 미치는 것이 아니라 다른 많은 요소가 골고루 상호 작용하며 어우러지는 시장과 같다. 그 사람이 언제, 어디서, 무슨 목적과 이유로, 구체적으로 어떠한 방법으로 관계를 맺는지에 따라서 나올 수 있는 결과물이 달라진다. 이렇듯 한 사람의 관계는 우리 삶에서 매일 경험하는 작은 결과물이다. 이러한 작은 결과물이 쌓여서 삶의 관계를 형성하고 굳어진다.

앞서 결혼이라는 요소가 얼마나 강력하게 관계에 영향을 미치는지를 확인했다. 결혼과 동시에 '관계의 영역'이 달라진다. 집중해야 할, 중요하게 생각해야 할 관계의 특성이 다르다. 그렇게 삶이 바뀌니, 관계도 바뀌고, 과거와는 다른 문제를 고민하게 된다. 이처럼 비슷한 사람들끼리 남아서 관계를 형성하고 유지한다. 그런데 결혼을 제외하고 다른 기준은 없을까? 내국인과 외국인의 차이는 없을까? 같은 나라에 있지만, 우리와 그들의 경계는 없을까? 이러한 경계는 관계와 삶에 어떤 영향을 미치는가? 우리와 어떤 차이를 보이는가?

어쩌면 서울은
기회의 땅이 아닐지도 몰라

흔히들 '바나나'라고 한다. 외모는 영락없는 동양인인데,

생각이나 문화 또는 행동은 서양인처럼 행동하는 아시아계 백인을 가리킨다. 생김새는 한국인이랑 똑같으니 주변에서 한국어로 말을 거는데, 그들은 정색하며 한국어 못한다며 영어로 말한다. 한편으로는 스스로 미국인임을 매우 자랑스러워한다. 정확히 말하면, 자신의 정체성은 미국인인데, 한국에서 살고 있을 뿐이라고 덧붙인다. 해방촌에 사는 마이크 역시 그렇다. 근 10년간 한국에 살았지만, 한국어를 잘하지 못한다. 그가 경험하는 관계의 면면은 우리와 어떻게 다를까?

마이크는 한국계 미국인이다. 캘리포니아에서 태어나서 자란 그는 3년 전에 한국에 돌아와서 서울 해방촌에서 지낸다. 그는 이런저런 사업을 했다. 크게 성공한 것은 없지만, 먹고살 만한 정도는 된다. 처음에는 영어 선생님으로 잠깐 일했다. 그런데 주변 교포들, 자신과 같이 한국계 미국인들이 레스토랑이나 술집을 운영하는 것을 보고 그도 방향을 틀었다. 처음에는 술집을 했는데, 밤낮이 바뀌서 적응이 어려웠다. 직업 특성상 술도 많이 마셔야 했다. 자연스레 건강도 나빠져서 앞으로 계속할 수 없겠다고 판단했다.

그에게 한국은 부모의 나라다. 그의 외모는 영락없는 한국인이지만, 사고방식이나 행동은 영락없는 미국인이다. 한국어도 잘하지 못한다. 어릴 적 집에서도 딱히 별도의 교육은 없었다. 배움에 대한 간절함도 없었다. 그런데도 그가 한국에 온 이유는 이곳이 기회의 땅이라는 말을 들었기 때문이다. 미국에 사는 많은 사람이 한국에 가서 사업을 하면 큰돈을 번다는 말을 했다. 서양이나 미국의 것에 환장한 한국인들을 상대로 레스토랑이나 바를 하면서 돈을 긁어모았단다. 행여나 사업에 실패해도 그렇게 손실이 크지 않다고 했다. 미국에서 사업했다가 망하면 거의 회복이 불가능한데, 한국은 망해도 덜 망한다는 말. 이처럼 과거 30여 년 전 미국이 기회의 땅이었다면, 이제 그들의 2세는 다시 한국이 기회의 땅이다. 그런데 이렇게 큰돈이 된다는 말만 들었지, 구체적인 시장 분석이나 한국인에 대한 이해는 부족했다. 너무 이곳을 쉽게 본 것은 아닐까?

이태원이나 해방촌에서 살면 그와 같은 사람을 많이 만난다. 교포나 서울에 사는 외국인이 다수다. 한국어로 소통하지 않는다. 다들 비슷비슷한 삶을 살고 있다. 정작 기회의 땅이라고 해서 이곳에 왔지만 주로 어울리는 사람들은 그와 같은 사람이다. 말은 기회의 땅이지만, 정작 대박을 일군 사람은 거의 없다. 그냥 캘리포니아 스타일로 브런치 레스토랑 한다고 하면, 손님이 구름떼처럼 줄 설 줄 알았는데, 현실은 그렇지 않았다. 한국인 친구도 없고, 언어적으로 소통이 너무 어렵다. 전반적으로 한국 시장을 잘 몰라서 사기를 당하는 경우도 종종 있다. 그와 친하게 지냈던 교포도 동업자에게 사기를 당하고 도망치듯이 미국으로 돌아갔다.

○ ○ ○ ○

마이크의 이야기는 한 사람의 배경에 따라서 경험할 수 있는 환경의 차이를 보여준다. 같은 공간에서 머무르고 있지만, 그들이 접하는 관계의 측면은 다르다. 관계는 육체적, 정서적 측면만이 아닌 경제적, 사회적 기회를 제공하기도 한다. 하나의 접점이 된다. 즉 관계를 통해서 많은 정보와 기회를 얻을 수 있다. 그런데 그 관계가 한정적이라면, 정보와 기회 역시 한정적이다. 이 땅에 꿈을 품고 왔으나 실망하고 돌아가는 외국인들도 그러하다.

한국에 머무는 외국인들이 자신들의 커뮤니티를 이루며, 자신들끼리 행복한 삶을 사는 듯하지만 결국은 그들의 직업적, 사회적 영역은 한정되어 있다. 물론 이러한 한정된 영역이 관계 때문만은 아니다. 하지만 비슷한 사람들끼리 친해질 수밖에 없는 관계의 속성이 하나의 이유가 된다. 언어적인 차이 또는 문화적인 차이가 새로운 사업적 기회에 접근하기 어렵게 만들고, 방해 요인이 되기도 한다.

"같은 강물에 두 번 들어갈 수 없다." 어느 그리스 철학자의 말이다. 그의 말처럼 시간이 흐르면 변한다. 시간이 흐르면 삶이 변하듯 관계도 변한다. 나에게 중요한 인간관계의 우선순위가 바뀐다. 삶의 방식에 따라서 관계가 확장되기도 하고, 축소되기도 한다. 그만큼 관계는 유기체적인 속성을 띄고 있으며, 동시에 영원히 고정된 것도 아니다. 지금 당장은 비슷비슷한 삶을 살고 있으니, 그렇게 모여서 비슷비슷하게 살아가고 있지만, 이것도 모를 일이다. 시간이 지나면 새로운 변화, 새로운 차이가 생겨서 우리의 삶을 바꿔놓을 수 있다. 그만큼 삶도 관계도 시간에 따라서 변한다.

관계 양극화,
그리고 양보다 질

오늘날 사람들은 어마어마한 관계의 편차를 경험하고 있다. 같은 시대와 공간을 살지만, 사람마다 관계를 마주하는 온도 차가 극명하다. 마치 열대 기후와 시베리아의 혹한기와 유사하다. 누구는 연일 파티와 모임에 분주한 하루를 보낸다. 이들은 매일 약속을 잡으며, 넘치는 관계와 친구들 사이에서 시간을 보낸다. 이들은 너무 바빠서 주말에 연락이 되지 않는다. 하루하루가 파티이며, 선물처럼 느껴진단다. 부재중 통화와 확인하지 않은 메시지로 핸드폰은 언제나 분주하다. 대부분 그들은 연락을 선별적으로 받는다.

하늘과 땅 차이,
관계 양극화

정반대에 있는 사람들도 있다. 누구는 어두컴컴한 방에서, 유튜브를 보면서 혼잣말을 중얼거리며 시간을 보낸다. 넷플릭스의 등장인물에 과몰입하면서 인생을 간접적으로 배운다. 그들에게 약속은 자신과의 약속일 뿐이다. 타인과 무엇을 같이 한다는 것에 큰 거부감을 느낀다. 집에서 절대 나오지 않는 자발적 감금 생활로 하루하루를 보낸다. 아무도 그들을 찾지 않으며, 그들도 그 누구도 찾지 않는다. 행여나 모르는 번호로 전화가 와서 깜짝 놀라 전화를 받으면, 십중팔구 무언가를 사달라는 전화다.

　이처럼 현대인들은 관계의 측면에 있어서, '왕자와 거지'와 같은 거대한 간극을 마주한다. 사람들은 부의 격차, 기회의 격차를 이야기한다. 하지만 우리는 이러한 관계의 격차도 경험한다. 이러한 격차의 의미에 대해서 관심을 가

저야 할 때이다. 이러한 양극화 현상의 배경 이유는 다음과 같이 세 가지로 설명할 수 있다.

먼저 시간과 돈의 차이이다. 가용할 수 있는 시간과 돈의 규모가 다르다. 돈이 많으면 더 자신감이 생긴다. 사람을 만날 때, 필요한 재정적인 제약이 없다. 이들은 투입할 수 있는 규모가 크다. 내가 만나고 싶은 사람을 만날 수 있는 자원이 풍부하다. 만나고자 하는 사람에 따라서 자신의 시간을 선별적으로 쓰기도 한다. 내가 보고 싶은 사람에 있어서는 얼마든지 나의 시간을 내주지만, 그렇지 않은 사람은 영영 보지 않는다.

두 번째는 IT 기술의 발전이다. 사람들은 적극적으로 관계의 방식을 선택할 수 있다. 더 정확히 말하면, 기술을 통해서 관계를 통제할 수 있다. 먼저 누구로부터 전화 오는지 알 수 있다. 전화를 거는 사람이 누군가에 따라서 응답 여부가 달라진다. 게다가 양극단의 두 가지 지점이 있다. "완전히 잊힌 사람이 되고 싶다." 또는 "주변의 인기와 관심을 한꺼번에 받고 싶다." 많은 사람은 그 중간에서 자신에게 맞는 적절한 지점을 찾는다. 그렇게 인간관계의 볼륨을 설정할 수 있다. 내가 원하는 대로 주변 사람들의 숫자나 연락의 빈도를 설정할 수 있다. 주변 사람을 자주 보고 싶으면 자주 볼 수도 있고, 주변 사람을 적게 보고 싶으면, 내지는 보고 싶지 않으면 보지 않아도 된다. 이처럼 인간관계를 통제하면서 사람마다 보유한 관계의 숫자는 달라진다. 그리고 이 편차는 시간이 지나면서 커진다. "오프라인 인생에도 차단 기능이 있으면 얼마나 좋을까?"라고 말하는 사람도 있었다. 즉 기술을 통해서 관계를 쉽게 통제하는 게 익숙하다는 의미로 해석할 수 있을 것이다.

마지막으로 관점의 변화다. 나이가 들면서 점점 사람에 관한 관심이 떨어지고, 부질없다고 느끼는 사람과 여전히 사람을 좋아하는 사람으로 나뉜다. 이러한 인식에 대한 개인 차이가 있다. 사람에 관한 관심이나 흥미는 직업이나 경험에 따라서 차이가 생긴다. 사람을 좋아하고 만나고 싶어 하는 사람과 그렇지 않은 사람의 차이가 더욱 두드러진다. 특히 사회적인, 경제적인 지위에 따라서 관계의 빈도와 정도가 바뀐다. 20대에는 큰 차이가 없으나 30대 후반에 들면서 이러한 차이는 더욱 벌어진다.

양보다는
질이 중요해

이러한 양적인 편차 말고 좀 더 살펴볼 내용은 없을까? 양적인 편차는 그 자체로 의미 있는 발견이지만, 현상의 이면에는 좀 더 심오한 내용이 있지 않을까? 관계의 양극화 너머 더 중요한 내용이 있지 않을까? 관련 문헌 연구와 실제 인터뷰 등을 종합할 때, 관계는 양보다 질이 중요하다. 이어지는 내용은 좀 더 상세한 내용이다.

첫째, 무조건 만나는 사람이 많다고 해서 숫자에 비례해서 행복하거나 만족하지는 않았다. 오히려 만나는 사람이 많고, 다양한 관계를 맺고 있으나 자신을 불행하다고 생각하는 사람도 많았으며, 관계가 불만족스럽다고 털어놓기도 했다.

둘째, 거의 만나는 사람도 없고, 의미 있는 관계도 매우 제한적이지만, 자신이 매우 행복하고, 지금의 관계에 만족한다고 밝히는 사람도 있었다. 남들이 보기에 그들은 거의 고독한 외톨이의 삶을 살고 있지만, 자신은 이러한 고요한 삶이 좋다고 강조한다. 오히려 자신의 삶에 더 집중할 수 있어서 좋다고 했다. 단, 그들은 소수의 마음이 통하는, 정말 의미 있는 사람들과 지속적이며, 양질의 관계를 맺고 있었다. 즉 이미 자신이 필요한 사람, 나에게 의미 있는 관계를 보유하고 있었다. 그래서 외롭거나 불행하다고 느끼지 않는단다.

이러한 사실이 시사하는 바는 무엇일까? 사람이 많으면 덜 외롭고 즐거우리라 생각했는데 그런 것만은 아니었다. 멀리서 보면 우리는 거대한 관계 양극화를 경험하고 있다. 가까이서 그들의 내면을 좀 더 깊이 파고들면, 관계의 비밀은 양 보다는 질에 있다. 양적으로 팽창된 관계를 경험하는 사람이 무조건 행복한 것도 아니고, 그렇다고 양적으로 빈곤한 삶을 사는 사람이 무조건 불행한 것도 아니었다. 오히려 양은 거시적인 지표에 해당하며, 그 자체로 개개인에게 의미 있는 내용이 아닌 경우도 많았다.

정말 유의미한 지표는 따로 있었다. 바로 얼마나 질적으로 의미 있는 관계를 맺고 있는지였다. 질적으로 의미 있는 관계가 삶에 얼마나 좋은 영향을 미치고 있는가? 그것이 가장 핵심을 관통하는 질문이었다. 이처럼 거듭 관계에 대해 질문을 던질수록, 사람들과의 대화를 진행할수록, 우리 삶에서 마주하는 관계의 비밀을 이해할 수 있었다.

앞선 네 가지 유형에서도 알 수 있듯이, MZ 개츠비라고 해서 무조건 관계 만족도가 높은 것도 아니었다. 21세기 제인 에어 중에서 관계의 만족도가 높은 사람도 많았다. 표면적으로 봤을 때, 이들은 관계의 양적인 측면에서 커다란 차이를 보였다. 그런데 양적인 차이만이 아니라 질적인 측면도 함께 살펴볼 수 있을 때, 진정으로 바람직한, 의미 있는 관계의 진실을 제대로 이해할 수 있었다. 그것이 어쩌면 어마어마한 관계 양극화 시대를 사는 우리가 눈여겨봐야 하는 부분은 아닐까? 나의 관계는 얼마나 많은가? 그리고 그 많은 관계 중 정말 의미 있는 관계는 무엇이며, 나의 삶에 어떠한 영향을 미치고 있는가? 나는 그러한 관계를 마주할 때, 행복감을 느끼는가?

당신의 관계로부터,
인생을

그렇다면 좀 더 희망적인 내용은 없을까? 그 희망의 시작은 관계에 있었다. 관계를 통해서 인생이 달라질 수 있다는 가능성이다. 나의 관계가 나의 삶을 좀 더 나은 방향으로 이끄는 동력이 되기도 한다. 관계가 단순히 영향을 받는 결과물이 아니라, 나의 관계에 따라 삶도 바뀔 수 있다. 변화의 작은 실마리는 관계에 있다. 내가 지금 당장 만나는 사람, 나와 가장 많은 시간을 보내는 사람 또는 앞으로 만나고 싶어 하는 사람, 내가 속하고 싶은 집단이 무엇인지 있는 그대로 마주해보자. 좋은 삶으로 이끌 수 있는 변화는 이러한 일상적인 관계에 있다.

누구는 '인생은 이미 다 정해진 것'이라고 말한다. '태어난 대로 살아야 하며, 이미 될 사람은 정해져 있다'는 말들도 쉽게 한다. 그리고 관계 때문에 웃기도 하고 울기도 한다. 이루 말할 수 없는 행복감을 느끼지만, 동시에 엄청난 불행감을 호소하기도 한다. 이처럼 관계는 삶을 그저 기계적으로 반영하는 결과물에 그치지 않는 것일까? 내가 지향하는 관계의 방식에 따라서 우리 삶에도 작은 변화가 있을 수 있다면, 우리 삶은 조금 더 좋은 방향으로 바뀔 수 있지 않을까. 특히 나의 삶이 지금 불행하다면, 그래서 무언가를 바꾸고 싶다면, 관계는 좋은 수단이 된다. 처음부터 거창하고 어마어마한 효과를 기대하기는 힘들다. 하지만 미약하지만 분명한 변화의 가능성을 꼭 언급하고 싶다. 수백 명의 사람을 인터뷰하면서, 그들과 긴 시간, 긴 호흡으로 그들의 삶을 관찰하면서 직접 확인한 내용이다. 살아가는 방식에 따라서 관계가 결정되기도 하지만, 관계가 바뀌면 인생도 달라질 수 있다. 생각보다 관계는 고정된 것이 아니라, 바뀔 수 있는 유기체와 같았다.

네 가지 유형의 인물들을 통해서, 우리는 그들의 삶의 방식에 따라 관계의 양상이 바뀌는 것을 확인했다. 이제 삶의 변화를 이야기하며 마무리를 짓는다. 매일 접하는, 일상적인 관계에서 변화를 시도하는 것은 어떨까? 무엇이 나를 힘들게 하는가? 어떤 사람이 나를 고통스럽게 만드는가? 내가 매일 접하는 관계는 얼마나 건강한 관계인가? 이러한 작은 질문과 그에 대한 답변이 삶을 바꾸는 원동력이 된다.

Research summary*

Relationships constitute one of the most private domains of human life. They encompass a wide range of experiences: friends who respond to a message on KakaoTalk with near-instantaneous speed, companions who have treated us generously, or individuals with whom we were once intimately close but who have since drifted into the distance. These are everyday phenomena, often too mundane to be considered "events" in themselves, yet too delicate to be openly articulated. In this sense, they are subsumed under what we call private life.

Over the past two years, supported by the National Research Foundation of Korea, I conducted a study that aimed to investigate

* 이 연구에 참여해 도움을 준 외국인들을 위해 이 책의 내용을 영문으로 요약해서 전달한다.

the meanings individuals attribute to their relationships. In the course of the interview process, I asked 273 participants for their views. In doing so, I repeatedly confronted the same set of questions myself: Why do I ask others about their relationships? What significance do relationships hold for them? The aim was to explore the truths of life as they are embedded in relational experience.

The research process revealed both challenges and insights. Some participants responded with caution, avoiding direct engagement with the core questions. Their hesitancy reflects the intimate and potentially vulnerable nature of the relational sphere; disclosure of such private matters may risk exposure or embarrassment, echoing the cultural motif found in the fable of The King's Ears Are Donkey's Ears. Intimate truths can feel overwhelming precisely because they are profoundly personal.

Conversely, other participants spoke with remarkable openness. In retrospect, many of them were individuals experiencing loneliness. They seemed to welcome the presence of someone genuinely interested in their lives and relationships. Their narratives were delivered with vitality, richness, and detail, suggesting the centrality of relationships in their existence. The enthusiasm they demonstrated not only affirmed the importance of relationships in their lives but also provided the researcher with a source of intellectual and emotional energy.

This duality highlights a central tension: while relationships are among the most private aspects of life, they are also a vital arena through which individuals seek communication, validation, and empathy. Thus, to study relationships is to confront both their concealed vulnerability and their indispensable role in human well-being.

In this study, I categorize relationships into four archetypal types: the 21st-century Jane Eyre, the MZ Gatsby, the Watcher in the Attic, and the Survival-driven Thénardier. These categories are inspired by recognizable literary and cinematic figures, functioning as representative personas that embody distinctive orientations toward relationships.

The criteria for classification derive from individuals' attitudes toward relationships, their definitions of relational meaning, and the degree of agency they exercise in social connections. Questions such as What significance do relationships hold in your life? To what extent do you engage proactively in them? Could you live without them? guided the inquiry. By analyzing the responses, consistent patterns emerged, which were subsequently expanded into the four persona types.

While the resulting framework may appear schematic and contain elements of exaggeration, its value lies in reflecting the lived realities of human experience. The caricatures are not merely artificial constructs but analytical tools that reveal underlying truths about relational behavior in contemporary life.

페르소나 인터뷰

지은이   알렉스 정

2025년 12월 19일 초판 1쇄 발행

책임편집   선완규
기획편집   선완규 김창한
디자인   형태와내용사이
펴낸곳   천년의상상
등록   2012년 2월 14일 제2020-000078호
전화   031-8004-0272
이메일   imagine1000@naver.com
블로그   blog.naver.com/imagine1000

ⓒ 알렉스 정 2025

ISBN   979-11-90413-94-7 (03190)